大是文化

我畢業五年，用ETF賺到400萬

每月1,000元就能開始！不用兼差斜槓，
兩檔 ETF 投資組合，年賺20%以上

部落格總流量超過 70 萬次、
用兩檔 ETF 就年賺 20%

PG 財經筆記 著

CONTENTS

第一章

薪水凍漲、物價一直漲，ETF 幫你解套　037

CONTENTS

推薦序一
一條值得努力奔跑的道路

《一個投機者的告白實戰書》暢銷書作者／安納金

　　相信本書的問世可以幫助許多臺灣的社會新鮮人，成為接觸投資理財的最佳入門書籍之一！

　　誠如作者所言，**在臺灣的教育制度裡，始終沒有「理財」這一塊**。他從警察大學畢業後，每個月會有六萬多元的固定薪資，但因為毫無經驗、也從未接觸過投資理財方面的知識或訊息，於是經由郵局櫃檯阿姨的推薦，簽訂了每個月 5,000 元的中華郵政 6 年儲蓄險。為什麼會聽從一個陌生阿姨的建議，買了郵局儲蓄險？他說：「因為很多學長姐和同學都買這個。」沒想到多年以後，才發現儲蓄險的年化報酬率比定存還低（因為有保單的成本，但保單有保險功能，定存則沒有）。

　　與多數散戶投資人一樣，作者在初期也曾花了好幾萬的學費，利用假日去上財報分析以及技術分析的課程、學習操作股票，下班更上網閱讀財經網站、部落格、買經典的書籍閱讀。機緣之下，待他閱讀過伯頓・墨基爾（Burton Malkiel）的著作《漫步華爾街》（*A Random Walk Down Wall Street*，該書是 1973 年在美國上市，後來成為許多美國的大學商學院教科書或指定讀物之一），至此拓展了

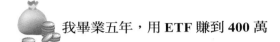
投資視野，選擇以**被動投資、指數化投資、資產配置**，確立自身的投資核心宗旨。

股神巴菲特（Warren Buffett）有一句名言如是說：「**在錯誤的路上，奔跑也沒有用！**」言下之意是如果方向不正確的話，再怎麼努力付出也是做白工。現今臺灣的學校教育體制中，對理財知識依舊付之闕如，因此多數人接觸投資理財這領域，都是從身邊親朋好友的推薦開始，於是每個人的運氣，注定取決於是否「友直、友諒、友多聞」；好的理財朋友會幫助你在投資領域有如上天堂，不好的投資朋友卻可能讓你住套房，甚至因為過度投機或誤信騙局而賠光積蓄，可謂最糟的結局。

本書作者自 2016 年開始經營部落格「PG 財經筆記」，就是本著分享正確投資觀念的初衷，一方面記錄自己的投資心得，另一方面分享自己投資路上遇到的大小事，讓其他人也可以藉由這些經驗與整理，少走冤枉路、縮短達到財富自由所需的時間。而本書以 ETF 為主題，這對一般投資新手們來說是很好的投資工具，因為成本最低，也最不用花費時間去針對資產配置策略擘畫。

此書內容相當詳盡，將投資 ETF 之前所必須知道的知識，以及買賣過程中會遇到的問題，都鉅細靡遺、有系統的解說。書中也介紹了幾檔全世界最具代表性的股票型 ETF、債券型 ETF、不動產相關 ETF，並提供簡單好用的資產配置輔助工具，希望幫助投資人找到最輕鬆而穩健的理財方式。

我認為，ETF 不會是投資世界的唯一出路，畢竟這個世界夠大，絕對容得下多種不同的投資理念和方法，且照樣能達到財富目

標。但如果你的投資生涯中尚未接觸過 ETF，那麼我誠摯建議你去試著了解它們，或許你也會像作者一樣，找到了自己投資的「真愛」；或者你也可能和我一樣，經歷過數十年的股市征戰之後，最後發覺時間有限、而追求健康和陪伴家人更可貴，於是逐漸從個股轉而投向 ETF 的懷抱。無論你是信奉哪一種投資（或投機交易）的理念，這本書對於接觸 ETF 市場領域而言，都會是一個很好的開始、一個值得努力奔跑的方向。

　　願善良、紀律、智慧與你我同在！

推薦序二
拉近投資「全世界」的距離

《股海老牛專挑抱緊股，穩穩賺 100%》作者／股海老牛

　　2003 年，臺灣推出第一檔 ETF ──「元大台灣卓越 50 基金」（簡稱台灣 50，代號 0050），靠著追蹤臺灣市值最大的 50 檔股票，讓投資人能貼近追蹤臺灣加權指數表現，近 5 年內創下將近 10% 的年化報酬率；也就是說將資金投入台灣 50，可以達到比定存好上 10 倍的效果。

　　有鑑於台灣 50 的績效竟如此成功，投資「指數股票型基金」（Exchange-Traded Fund，簡稱 ETF）的概念逐漸廣為人知。

了解 ETF 的最佳工具書

　　對於可能不熟悉財報分析，又想安穩「抱緊」投資的朋友來說，擁抱 ETF 就是相當合適的投資選擇，作者「PG 財經筆記」便是因此加入投資 ETF 的行列中。

　　不僅如此，他過去更透過部落格，不吝與讀者分享研究 ETF 的心得，並傳遞正確的 ETF 觀點；現在，作者將自身投資 ETF 的心法，在本書當中完整揭露，其深入的投資洞見及豐富的圖表分

析，堪稱市面上 ETF 的最佳工具書。

手把手帶你投資「全世界」

對於投資「全世界」，大多數人在第一時間都有一個擔憂：要投資全世界，英文是不是需要全民英檢中高級以上啊？在這裡清楚明白的跟你說──答案是確定不用的！

本書會先介紹 ETF 三大種類：股票、債券、房地產，詳盡的比較各種 ETF 並深入解析，上至成分股的介紹，下至相關費用的差異，在書中都有完整說明。

書中也談到更多全世界的重要 ETF，讓投資人再也不會搞混 VT、VTI、VOO（這些是什麼標的？書裡講得更清楚）等國際重要 ETF。

作者更手把手教你如何申請證券戶，只要在網路上動動手指頭就好，就是那麼簡單──「錢」進海外市場不再是投資人的困擾。

做好資產配置才能穩穩賺

回顧一下 2018 年，因為中美貿易戰展開，使得台股曾出現單日下跌超過 300 點、美股出現單日近 700 點的慘烈跌勢；再看到 2019 年，台股創下近 29 年來新高點，美股也創了新高，道瓊邁向 3 萬點，實在是兩樣情。

投資人總是時不時因心驚膽跳而縮手不前，但市場的投資風險

並不如預期中可怕，我們該把重點放在自己是否一再錯過獲利的好時機。而事實上，資產配置對於總報酬的影響高達 9 成以上，只要做好正確資產配置，就能避開相對風險。

　　看完本書，相信你能跟作者一樣專注於本業工作之餘，也能投資全世界，安心抱緊 ETF 穩穩賺。

推薦序三
三點說明本書不賣「神奇」方法

「副總裁的理財日誌」粉專版主、
阿爾發金融科技有限公司創辦人／陳志彥

現在市場上越來越多跟 ETF 有關的書籍，當出版社告訴我，有一本關於 ETF 的新書，希望我能夠幫忙寫推薦序時，我一開始其實意願並不高，心想大概又是一本告訴讀者如何靠「神奇」方法短期致富的書籍。

長期追蹤我的部落格——「副總裁的理財日誌」的朋友們應該都知道，我一向很不認同這種宣稱短期致富的方法。但利用週末時間閱讀完本書之後，我的疑慮完全消除了，而且非常樂意推薦本書給大家，原因有下列幾點。

一、作者的經歷背景：

首先讓我感到驚訝的是，本書作者不是什麼金融業的投資達人，也不是財經領域科班出身的背景，他的職業令人**很難想到會跟投資相關——警察**。作者畢業自中央警察大學，是一名 30 歲不到的年輕人，目前擔任警官，在這樣的背景之下，作者透過自身努力學習與實際投資的經驗，能夠深入淺出的寫出許多跟 ETF 投資相

關的內容，而且資訊的正確與豐富程度，完全不會比業界的專業人士所寫的差，光是這點就非常值得讚賞與推薦。

二、傳達正確的投資理念：

另一個難能可貴的是，本書作者已耕耘財經部落格——「PG財經筆記」多年。有寫過財經部落格的人都知道，要長期堅持經營財經部落格，是很不容易的事情，因為現代人的時間有限，再加上網路資訊非常多，所以部落格要是內容寫得不好或不正確，就無法獲得刁鑽網民們的青睞，部落格也很難長期經營下去。

要寫出一個好的部落格，就要有好的內容，這表示版主必須有大量閱讀的習慣，否則很難吸引人；特別是非本科專業背景的人，需要付出更多的努力，閱讀大量資訊並學習。

我常常鼓勵年輕人應該多利用自媒體，嘗試寫部落格，因為只要能夠堅持下來，收穫最多的絕對會是自己。本書作者就是一個絕佳範例—— 一個 30 歲不到的年輕人能夠寫出內容豐富且觀念正確的書籍，實屬不易，正所謂「臺上 10 分鐘，臺下 10 年功」，從這點可以看出作者對於學習財經知識的熱愛與堅持，令人佩服。

三、投資實踐的寶典：

很多財經書籍都會犯一個毛病，就是內容有很多財經專有名詞和理論，讓非財經背景的人很難閱讀且枯燥無味，看完之後也不知道該如何實踐，但本書完全沒有這個問題。由於作者是**將自身多年的實際投資經驗分享給大家**，一步步帶領讀者進入 ETF 投資的世

界，所以內容非常平易近人且容易閱讀，特別是對於想實際投資目前國際上最流行的被動式 ETF 產品，本書可說是入門的重要參考寶典。

　　基於以上三點，我非常樂於推薦大家閱讀本書，讀完之後相信你一定會感到實用且收穫良多！

推薦序四
專心蹲點，不浪費時間，用 ETF 賺錢

方寸管顧首席顧問、醫師／楊斯棓

　　作者是一位波麗士大人，以他的年齡能有如此投資成果（如書名所說），相當不容易，且由於他**戰略正確跟極度自律**，將來他的雪球絕對會越滾越大。

　　由他筆下不難得知，他對中、美、臺等國的財經經典都涉獵甚深；著手研究投資之餘，更在網路建立部落格「PG 財經筆記」，版面簡潔清爽，易於搜尋閱讀。

　　投資一開始要下的功夫最多，時間主要花在釐清觀念，知道哪些徒勞無功的事情根本不必做。像作者這樣，**以指數投資為最高指導原則規劃投資組合**，之後花的時間就會越來越少，但這張安全網卻會越來越強韌；而你賺到的時間，可以拿來學不同語言，也可以造訪名聞遐邇的著名餐廳、親口品嘗名廚的料理，若是行有餘力，更要扶貧救苦。

　　翻開 2019 年 10 月發行的《臺灣醫界》雜誌，逝世名單中，45 歲的內科醫師和 48 歲的眼科醫師赫然在列。如果他們的家庭開銷都單靠一個人的看診收入，並沒有任何一種被動收入（股息、債息、租金等），那是不是存款耗盡後，房貸跟生活雜支開銷立刻就

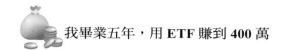

會拉警報？這樣的實例提醒，有沒有換得你的未雨綢繆，發覺投資的重要性？

學習投資，絕不是押對一檔股票，猜中明天或明年漲跌；就算你押對了，那也只是投資大道上的雕蟲小技，且涵蓋了運氣成分。

有很多投資人忘記了投資的第一個大哉問：「錢有沒有在你名下？」竟把投資本金放在他人戶頭，期待別人按月捧息叩門。

投資第二個大哉問是：「買什麼標的？買個股？買債券？股債比怎麼分配？買台股或美股？還是投資全世界？」本書有詳解。作者用歷史數據說服你，買涵蓋臺灣、美國、全世界的 ETF，可能比你買個股、基金好得多。

投資第三個大哉問是：「怎麼買？透過富邦複委託好，還是透過美國券商嘉信理財好？」書中也有分析說明。

投資第四個大哉問是：「何時買？」書中舉出世界上第二大基金管理公司先鋒集團（Vanguard）研究員的報告：「長期下來在分散式投資配置中，資產配置對總報酬率的影響占了 91.1%，選擇標的以及擇時進出對總報酬率的影響只占 8.9%。」**告訴我們不必執著於「擇時」。**

有一次，和我熟識的按摩師傅問我該如何投資，針對年方 30 的她，我建議固定每半年買一張 0050；這就是一種不必擇時、分散風險，還有股利可領，到 60 歲時會存到 60 張的投資策略。如果她半年可以存到 2 張，那麼她 60 歲時就會有 120 張 0050，比別人多了一張親織的強韌安全網。

有本絕版書叫做《10 條路，賺很大！：富比世超級富豪肯恩·

費雪教你如何變有錢！》（*The Ten Roads to Riches: The Ways the Wealthy Got There (And How You Can Too!)*），其中提到的 10 條路有些依賴機運，可遇不可求；有些需要天資聰穎、家底雄厚；但每個人都能跟著他的第 10 條建議變有錢──（從工作收入）**適度儲蓄、明智投資**（賺取被動收入）。

有些人像唸咒般的把「專注本業」掛嘴邊，肯恩·費雪（Ken Fisher）特別提醒：「如果你正身處夕陽產業，請換一份工作。」因為專注夕陽產業，並無法安心前行。你該做的，是用幾年找到一份做來開心又能賺錢的工作，每月存下一定比例的收入，下一步就是投資。由於股票長期報酬率明顯較佳，費雪給的建議跟本書作者大聲疾呼的觀念雷同：以股票為工具，**全球分散投資**。

大家都想變有錢，又覺得離變有錢似乎很遙遠。作者以親身經驗告訴我們，財富自由並不遙遠，只要找一份好工作，專心蹲點，不盯盤不浪費時間，讓俯拾即是的 ETF 標的替我們賺錢，我們就離財富自由更近一步。

推薦序五

有了好工具，還要有好策略和投資哲學

《為什麼你的退休金只有別人的一半？》作者／闕又上

巴菲特說過，投資只需要學好兩門課，第一是如何估計投資標的價值，第二是如何正確看待市場價格的走勢。

前者是投資 IQ 的充實，後者是投資 EQ 的養成，這兩項都不容易，但這幾年興起的指數股票型基金（ETF），只要選擇了有市場代表性且範圍夠寬的指數型基金，例如美國的 SPDR 標普 500 指數 ETF（代號 SPY）或台灣 50（代號 0050），就沒有破產疑慮，這為投資者帶來極大的福音，免除了投資標的估值的挑戰和困擾。

但是投資者，有正確的心態和良好的心理素質面對投資嗎？另外，投資心理學的影響可大了，不過一般投資者有正確的認知嗎？

ETF 確實是一個好工具，但要讓這個工具能虎虎生風的產生效益，還要找尋更高層次的投資哲學作為指導原則，進而延伸出對的投資策略。作者在中後段提出的資產配置，這方面的資訊就更值得關注。

兩年前，本書作者曾經參加我的新書發表會，兩年後就推出新書，由此足見這段期間的辛勤耕耘；此外，他也**參加了財務規劃師（CFP）的執照課程**，書中有許多財務規劃師的基礎養成課程的影

子，而且資訊極為豐富，看得出來作者恨不得傾囊相授和分享。

但良好的理財，大道至簡，也應以簡馭繁。同時讀者更應該關注，作者能在五年獲得 400 萬資產，他背後的許多付出和努力！所以**作者的投資哲學和投資策略**，也是本書的重點，而要獲得投資哲學需要什麼呢？《投資金律》（*The Four Pillars of Investing*）的作者威廉・伯恩斯坦（William Bernstein）認為有：

1. 了解投資理論。
2. 認識投資歷史。
3. 投資心理學的養成。
4. 熟悉投資產業。

這些也需要讀者從本書中多加熟悉，進而將好的理念變成習慣，不然就無法雙劍合璧來發揮效益。

就投資歷史而言，舉最近的股災為例：從 2000 年到 2009 年這 10 年當中，歷經高科技泡沫和 2008 年的金融海嘯，這段期間股市不但無法獲利，還虧損 10%，美股也曾經長達 18 年股市指數停滯不動。如果你對於投資歷史毫無認知，就無法到達成功的投資彼岸，而可以解決這個困境的其中一個方法，就是書中所提的資產配置策略，所以 ETF 只是一個好工具，而不是萬能丹，**還是要搭配其他策略才可見其效用！**

雖然如此，但選對一個好的 ETF，已經是在一條正確的投資道路上前進。除此之外，讀者更應關注作者渴望財務自由所付出的

努力、對財經知識的充實，以及良好投資心理素質的養成；如果沒有看到這些元素和堅持，不僅是讀者的一大損失，也將局限了一項好投資工具所能產生的驚人效益，正如我開篇所言——有了好工具，還要有好策略和投資哲學。

前言
警大教會我自律，存出人生第一桶金

　　每個人都有各自開始理財的初衷，而我開始接觸投資理財的原因，除了要變有錢，更重要的是——**不想變窮**。這一切源自於高中二年級，那時，是我第一次意識到金錢的重要性。

　　學生時期，總會遇到需要跟父母拿補習費或參考書錢的時候，從他們面容上偶爾露出的難色，讓我隱約感受這些花費似乎是筆負擔。身為子女，自然不想造成家人的困擾，我唯一能做的就是努力讀書，看能否有獎助學金可申請，所幸後來拿了幾次獎學金，得以減輕父母的負擔。

　　事隔多年，我才知道當時是 2008 年，爆發了全球金融危機，導致家中的經濟出現一些狀況。

　　第二次體認金錢的重要性，是在高三學測放榜後。當時，我錄取了成功大學，雖然是國立大學，但家裡還是無法完全贊助我大學四年的學雜費和生活費（因為我住屏東，去臺南念書就得租屋）。問自己會氣餒嗎？多少還是會的。我當時想，如果家裡有錢，就能夠跟其他人一樣讀一般大學了。但想想，人各有命，每個人的起點不一樣，我的狀況已經相對好了，與其怨天尤人浪費時間，不如腳踏實地的努力改變。

　　我本來打算申請助學貸款加上打工家教，靠自己繳學費，不過

最後還是在家人以及高中國文老師的「建議」下，選擇了有公費補助的中央警察大學。如果你現在再問我，當初捨棄一般大學、改念警校會後悔嗎？這個問題我想了很久，到現在也沒有絕對的答案。但至少，這樣的選擇給了我到目前為止非常穩定的經濟基礎，讓我可以在一定範圍內做自己想做的事。

進了警大後我才知道，許多同學也是為了減輕家裡經濟負擔，最後選擇公費的中央警察大學。當然不是全部的同學都是因經濟問題而就讀，同學中也是有家境良好的富二代或是官二代，警大麻雀雖小，卻充滿形形色色的人。

每天睜開眼，就有 500 元進帳

念警大，當然是有些特殊福利的。首先，除了學雜費全免外，每個月還可以領 1.5 萬元的公費零用金，準確來說，是 1 萬 5,060 元。這對一個上班族來說，雖稱不上多，但對一般大學生而言，卻是一筆不小的收入，當時我們都戲稱：「只要每天起床睜開眼，就有 500 元進帳。」

不過人生總是有好有壞，幸福總要伴隨些許代價。

讀警大，週一到週五，我們稱為「週間」，週五晚上到週日稱為「週末」。生活作息方面，週間必須住宿，無法外出，只有週五晚上 6 點 20 分開始放假至週日晚上 11 點，才能外出到校外自由活動。平日在校內，要接受半軍事化的管理，還有學長學弟制，因為你得先學會服從，才能學會領導與統御。警大畢業後，你必須依

照規定服務一定年限，而目前的規定是 4 年，若是提前離職的話，必須賠償在學所領的公費以及學雜費（約 80 萬元）。

每天早上 6 點 20 分，你必須參加早點名，接著是環境整理、用餐。早上 8 點到下午 5 點是上課時間，依據每個系所的安排會有不同科目，不過全校共同科目包含軍訓課、柔道（摔跤）課、射擊課、綜合逮捕術。

比起一般大學，警大多了更多動態性的課程，生活步調更緊湊、忙碌，也更累。當然，隨著年級不同，疲累的面向就不同，低年級較注重生活管理，生活上大小事會覺得處處受限；隨著年級越高，就越趨於自主管理。

不自由的生活，讓大家到了假日就想好好犒賞一下自己，好好的放鬆紓壓。零用金 1 萬 5,000 元分配到 4 個週末，相當於我們每次放假都有 3,750 元的預算可以花，週末生活可謂相當優渥。如果沒有儲蓄觀念，很容易成為月光族，把錢拿去買 3C 產品、旅遊，我還有同學甚至拿去買車。

但因為家裡的經濟狀況，讓我在花錢這件事上，相對謹慎與保守，在衡量生活品質以及儲蓄比率後，我決定努力存點錢。有一次去校內郵局存款，在櫃檯阿姨的推薦下，我買了中華郵政 6 年儲蓄險，每個月留 5,000 元扣款儲蓄險，剩下當作生活費、繳公積金。

你一定很好奇，我為什麼會聽從一個陌生阿姨的建議，買了郵局儲蓄險？因為很多學長姐、同學都買這個，我當時根本懵懂無知，只是想要存錢，就這樣買了我人生第一張儲蓄險。

多年後我才發現，**儲蓄險的年化報酬率**（按：換算為一年可得

到的報酬率）**比定存還低**，不過無可否認，這也是我的第一筆計畫性儲蓄，讓我在 6 年後累積了 **40 萬的投資本金**。

警大生活枯燥簡單，因為週間吃住免費；免房租但強迫住宿；免餐費但不是吃到飽，校方會供應三餐餐券，早餐 30 元、午晚餐各 60 元。在資源有限的狀況下，我們得學著如何自律與節約（避免過度花費）。

大學畢業後通過三等考試，我分發到內勤負責辦理警政業務。順便介紹一下，警察的薪水由薪俸、專業加給、警勤加給、繁重加成、超時加班費（超勤加班費）組成，內勤生活雖然規律但薪水較低，外勤則變動多，薪水也更高一些。

畢業第一年，我的月薪大約 6 萬 1,000 元，另外內勤還有 20 小時的加班費，大約 4,000 元左右，整體稅前月薪落在 6 萬 5,000 元上下。但還要扣除約 700 元的公保、九百多元的健保、2,000 元的退撫提撥、3,000 元的所得稅，總共要扣將近 7,000 元，實拿薪水只剩 5 萬 8,000 元，而且水電費還沒有減免。

大學四年一畢業，我手頭上的固定收入，馬上從 1 萬 5,000 元成長到 6 萬元，面對突然多出來的這幾萬塊，對很多年輕人來說都是考驗與挑戰，畢竟臺灣的教育制度裡，從沒有「理財」這一塊。

我開始思考到底該如何運用這筆錢。**剛開始**因為經驗不足，我的**理財方式相當保守**，除了儲蓄險之外，我只用活存以及定存，一方面存錢累積本金，一方面學習財經知識。

我曾花好幾萬元的學費，利用假日上財報分析以及技術分析的課程，下班後也上網閱讀財經網站、部落格、買經典的書籍閱

讀（例如《漫步華爾街》、《投資金律》、《共同基金必勝法則》〔*Common sense on mutual funds : new imperatives for the intelligent investor*〕），研究股票和基金等不同理財工具的差異。

書是所有想致富的人最好的槓桿。本質上**讀者是花了一本書的錢，拜個大師學武功**。更重要的是書很便宜，比起上千、上萬元的課程，一本書幾百塊就能讓我們不受時空限制的學習，如果真的沒錢買，還可以去圖書館借，只要你讀得夠快夠多，進步的成本可以壓得很低。

小試水溫就出場，股票不適合無法隨時看盤的我

累積了一定的理財知識後，我決定親自下場試試。我**第一檔買進的股票是「上海商銀」（代號 5876）**，當時根據網路上的新聞、資料，以及該公司員工分享的資訊，得知這間公司經營風格穩健，於是我在每股 28 元買進 2 張試水溫。

持有幾個月後，我認為自己沒辦法挑得比財經專家、華爾街那些專業人士更精準，況且要挑出優秀股票還要看盤，掌握買進賣出的時間，這占據我太多心思，甚至會影響工作的心情，畢竟警察工作才是我的本業。最後我決定用每股 32 元賣出，等於賺不到 1 萬元就出場。

這次經驗讓我發現，股票不適合生活忙碌的上班族、工程師，像是派出所員警在值勤時，根本很難接觸到電腦、甚至沒辦法滑手機，許多工程師在工作時也無法接觸到電子產品，更別妄想利用下

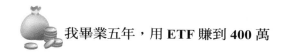

班幾小時的時間，就能找出比華爾街全職分析師還優質的標的。

於是，我開始思考，到底還有什麼投資工具，適合我這種沒有時間做研究，也沒有時間看盤的軍公教或是上班族？其中影響我思考的最大契機，是閱讀普林斯頓大學教授伯頓・墨基爾的《漫步華爾街》。

這本書帶給我許多啟發，包含要選擇投資範圍廣泛的投資工具，而非個別股票。其中原因有二，一是大部分的人，沒有足夠資金自行去做適當的分散投資；二是大部分年輕人沒有一大筆資產，因此是以領薪水後逐月投資的方式累積組合，所以投資範圍必定要廣泛。

在書中，墨基爾最推薦「不需動腦的方法」，也就是投資範圍廣泛的多種指數型基金或指數股票型基金（ETF），追蹤投資組合中不同種類的股票。

ETF 不用時刻盯盤，錢會自己長大

自從我轉投資 ETF 後，成效非常好，到目前為止，我單筆投資股票 ETF 的報酬為 29.0％，股票 ETF 的年化報酬率是 9.42％，債券 ETF 的年化報酬率則是 3.64％，投資組合的報酬為 8.18％。我工作五年來就累積了 400 萬的淨資產，而我的目標是要在 10 年內，累積千萬淨資產。

由於警察工作需時常加班、遇到重要事件要停止休假，但自從投資 ETF 後，我不用再替投資組合煩惱，更不用時時盯盤，可以

專心投入工作，即使太忙碌、疏於管理投資組合也沒關係，只要利用海外券商的股息自動再投資，資產也會自動長大，每個月都能有利息進帳。

這幾年下來隨著年資累積，我有幸受到長官肯定與提拔，收入也能持續成長，從內勤調外勤，月薪成長到 8 萬 5,000 元，再到現在的九萬多元。

或許有人會覺得警察的月薪非常高，但先前我說過警察薪水的組成，每年增加的只有薪俸（本俸），約增長 1,000 元。真正影響薪水的是職位，因為官職分立的關係，職位才是影響薪水的主因，如果沒領職務加給，薪水還可能降低。所以說，在警界升官未必是好事。警界還有官位高、但薪水不一定高的怪現象，例如：兩線二警務員所長升兩線三警務正，雖然是升官，卻反而從外勤調內勤，即使本俸不變，但是警勤加給變少、超勤加班變少，也少了主管加給，每月薪水從九萬多調降到只剩七萬多元。

此外，警察雖然起薪高，缺點是工作時間長、成長性不足、工作環境惡劣危險、非治安交通本業的外務相當多（像是民眾常常打 110 檢舉噪音妨害安寧，希望警察到場勸導，但噪音其實屬於環保業務，卻因為積習成俗，讓大家覺得警察到場才具有制止效果），導致基層第一線員警常常疲於奔命。這個工作看似穩定，但其實相當危險。

所以，我經常跟朋友說，公務員這個職業就像是《反脆弱》（Antifragile）這本書的例子，大多時候很好，但最糟情況下會有極大的傷害。特別是在年金改革過後，許多人才發現政府擔保的退

休金保障不是絕對，若沒有提早準備，後果不堪設想，我身為年輕一輩的公務員，更難以想像自己能領到退休金──只靠薪水、只靠政府退休金，這根本不是穩定，甚至比一般人更脆弱！

其實，領固定薪水的上班族也是同樣道理，收入穩定，並不代表你可以恣意花費；但收入穩定，反而是你定期定額投資的最好優勢。尤其是遇到市場動盪不安時，更可以持續逢低買進，持續降低持倉成本（按：在一個時期內，連續分批交易某金融產品或衍生品〔例如股票或期貨〕後的交易總成本，減去浮動盈虧的數額，再除以現持有數量後得到的數值）。

PG，意指小豬，也是個人理財指南

這幾年下來，隨著年紀增長，我開始用投資收入取代工資收入，用「被動收入」提升「財務自由度」，以提升自己的反脆弱指數。而這些學習的紀錄和反思多且繁雜，用紙本筆記存放很占空間，於是我決定放到網路中，更在 2016 年開設了一個部落格，名為「PG 財經筆記」。

「PG」有兩層意義，一個是豬（Pig），帶有小豬撲滿的意象，而撲滿是儲蓄的象徵，靠的是從每一份薪水中存一點下來，只要堅持投入，就算是上百、上千萬的資產，同樣可以從零開始累積；另一層意義，是個人理財指南（Personal Guidance），希望從自己出發，為每個人的理財問題提供方向。

這幾年經營部落格，讓我思維更加清晰，再加上文章會被公開

檢視，所以我對自己的投資管理也更加謹慎。許多讀者因為採取同樣的投資理念，常常跟我說有更多的時間陪伴家人，做自己想做的事情。

例如有位楊先生曾寫信告訴我，他從兩年前由主動投資（自己選股）轉向指數化投資，剛開始內心仍有些不確定，但隨著一年時間過去，他越來越覺得這真是好東西！如今他要花心思的只有如何儲蓄而已，扣掉必要生活支出（當然還有緊急預備金）後，他會定期換外幣，等存到一大筆金額再拿去投資，這已經變成一個很固定的習慣了。

轉向指數化投資，最大的好處就是**多了很多時間**，不用再浪費時間去學一些用不上的技術，反而能進修增加本業技能、學有興趣的語言、閱讀幾本好書。最後在觀念上，楊先生也轉為「認真生活」，不會為了存錢而存錢，該吃美食、買 3C 產品、看電影，一項也不會少，而且過得更加充實且自在！

很開心除了我之外，也有人因為這些投資理念而受益，賺到錢也賺到時間，人生得以更加富足。

股神華倫・巴菲特說：「人生就像滾雪球，你只要找到溼的雪和很長的坡道，雪球就會越滾越大。」只要找到一個正確的投資方式（指數化投資是一個），買對並抱緊，且忽略短期波動，專注長期走勢（至少 10 年），就能獲利以及累積財富。

選擇投資 ETF 以及資產配置後，就目前環境來推估，未來 10 年投資預期獲得的報酬，可以讓投資組合每年成長 4% ～ 5%，最棒的是不用投入太多心思維護，就能得到金融市場帶來的應有報

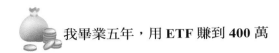

酬，即使沒有正報酬，透過每年持續存入本金，我也能存到錢，讓資產持續成長。

　　只要有份收入並有計畫的儲蓄，接著買進廣泛的低成本指數型 ETF，**持續獲得股息再投資**，如此機械式的累積十幾年，就足夠累積可觀財富。這個方法在國外行之有年，許多獨立財務顧問（Independent Financial Advisor，簡稱 IFA）也利用這個方法幫客戶進行理財規劃，簡單可行又務實（收費也很合理）。

　　投資要的不是賺幾萬元，而是學會**收支管理、投資管理、甚至是人生管理**。金錢固然重要，因為有了充裕的金錢，才能充分享受人生及自由。但值得思考的是，為了達成種種目標，我們到底需要多少財富？這才是宏觀、全方位的投資視野，希望本書也能提升你的投資宏觀視野。

PG 財經筆記部落格：
https://pgfinnote.com

PG 財經筆記臉書粉絲專頁：
https://www.facebook.com/pgfinnote

● PG 入門筆記

常會有人問我，「指數型基金」和「指數股票型基金」這兩個名字好像，兩者差在哪裡呢？兩者的確非常類似，都是採取被動投資方式，但還是有些許不同。

指數型基金的英文是 Traditional Index Funds，簡稱 TIF，意為傳統指數型基金，是為了和指數股票型基金（ETF）做出區別。指數型基金是不經過經理人主觀判斷，改由一個固定的指數規則做買賣的基金；事實上，就是 ETF 的前身。

第一檔指數型基金由先鋒集團（The Vanguard Group，也稱領航投資）創始人約翰・柏格（John Bogle）發明，成立於 1975 年，名為標普 500 指數基金（Vanguard 500 Index Fund）。

一開始，指數型基金需要透過基金公司或銀行做中介才能交易，近年來拜網路所賜，可以直接透過網路基金平臺來交易，成本因而降低。

到了 1990 年，一種嶄新的基金在美國問世了——指數股票型基金，也就是 ETF，它能在股票交易所買賣（方便），而且交易成本又比指數型基金更低一點。

兩者其他比較，請見第一章第二節。

薪水凍漲、物價一直漲，ETF 幫你解套

1

錢變難存不是你的錯覺，我用數字證明

　　錢是換取我們對於生活自主性以及人生體驗的工具，多一點錢，可以選擇想要的生活模式、挑選想要的物品、去想去的地方。

　　根據《美國心理學家》（*American Psychologist*）雜誌的文章，**決定我們是否幸福的，不是金錢，而是我們能否擁有生活上的自主權？能否擁有足夠的人際交流？以及能否充分發揮所長？**

　　就像美國共同基金公司先鋒集團創辦者約翰・柏格在《夠了》（*Enough*）一書中所言：

　　金錢很重要，因為有了充裕的金錢，便能充分享受人生，充分享受自由，但值得思考的是為了達成種種目標，我們到底需要多少財富？我們該思考擁有超級多的財富，到底是福，還是禍？

　　相信現在獲得金錢的最普遍方法，就是領人家的薪水，但你有沒有覺得近年來，工作上的加薪逐漸趨緩？其實你的感覺是正確的，**加薪幅度的確不如以往。**

　　從行政院主計總處的資料（見圖表 1-1）來看，我們每人每月總薪資從 1980 年的新臺幣 8,843 元開始持續成長，起初每月總薪

資成長快速，自 1999 年開始，每人每月總薪資突破 4 萬元，到了 2018 年 12 月底，更達 5 萬 2,407 元。

　　這裡提到的總薪資，係指受僱員工每月經常性薪資（含本薪與按月給付之固定津貼和獎金）及非經常性薪資（含加班費、年終獎金、非按月發放之績效獎金與全勤獎金等）之報酬總額；但不含雇主負擔或提撥之保險費、退休金與資遣費等非薪資報酬。

　　從下頁圖表 1-2 可以看出，自 2016 年開始，薪資增長逐漸趨緩，增加幅度都不如以往，「每年薪資較去年增長率」的增長幅度

圖表 1-1　1980 ～ 2018 年的每人每月總薪資

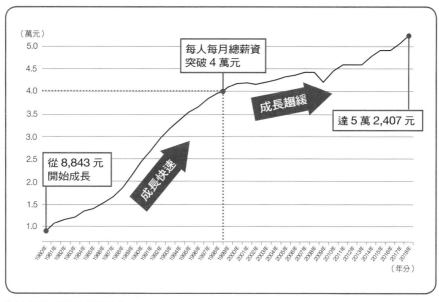

資料來源：行政院主計總處。

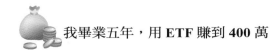

更小於 5％（2009 年甚至跌到 -5％，薪水不增反減），多數落在
1％～ 3％，讓人好想大喊：「老闆，我想加薪啊！」

這時該怎麼辦？ ETF 可以成為解套方法之一！

圖表 1-2　1980 ～ 2018 年的每年薪資較去年增長率

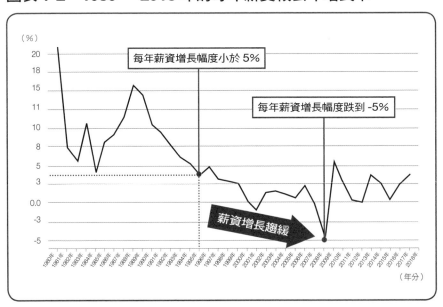

資料來源：行政院主計總處。

2

ETF，有股票的精神，兼具基金的多元

　　ETF，英文為 Exchange Traded Funds（依序表示交易所、交易、基金），中文為「**指數股票型基金**」，**性質介於股票以及基金之間，既像股票一樣交易方便，又有基金分散風險的效果。**

　　ETF 發行公司的任務是讓 ETF 的報酬貼近某指數，讓我們投資 ETF 就像是投資該指數一樣，可以直接拿到指數的報酬表現。

　　例如代號 0050 的台灣 50，追蹤的是台灣 50 指數（以台股市場市值最大的 50 家公司所組成，由臺灣證券交易所與富時指數有限公司〔FTSE〕合作編制的指數），那麼它會和台灣 50 成分股的績效走勢相同（見下頁圖表 1-3）。（按：成分股又稱指數股，指在股票價格指數計算中所選用的股票，一般會是股票市場中的重要股票，且可反映股票市場的特點或趨勢。）

　　又例如，道富環球投資管理（State Street Global Advisors，簡稱 SSGA）於 1993 年推出的 SPDR 標準普爾 500 指數 ETF（SPDR S&P 500 ETF，代號 SPY），是美國第一個追蹤標準普爾 500 指數（Standard & Poor's 500，簡稱 S&P 500，觀察美國 500 家大型上市公司）的 ETF，兩者漲幅相當同步（見下頁圖表 1-4）。

圖表 1-3　0050 和台灣 50 指數的走勢同步

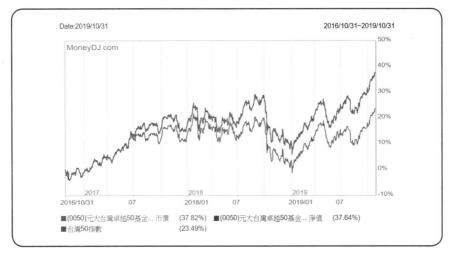

資料來源：MoneyDJ 理財網。

圖表 1-4　SPY 和標普 500 指數的走勢同步

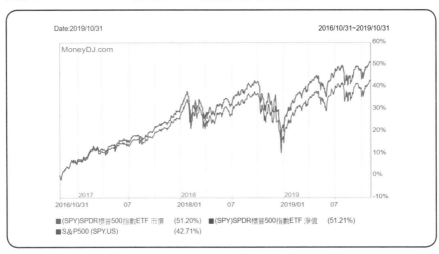

資料來源：MoneyDJ 理財網。

ETF 和股票有何不同？

在解釋 ETF、股票、基金分別是什麼之前，我們先想像自己來到一間自助餐店，面前擺滿琳瑯滿目的菜色供人選擇。

你想吃什麼都可以自己挑，若是配菜只想要滷蛋，那麼便當盒裡全放滷蛋也可以——這樣的精神就很類似「股票」：我們看好哪個／些企業，就投資它們的股票，獲得該公司的部分所有權，這企業只要持續成長，投資人也能享受到成長紅利。

ETF 和股票的差異（見圖表 1-5），最主要在於操作手法。若要投資股票的話，得先研究個股，再進行主動型投資；ETF 則是選定標的後，就能依照該 ETF 的追蹤指數內容，一次投資很多標

圖表 1-5　ETF 和股票比較表

	ETF	股票
追蹤指數	有	無
研究個股	不用	要
風險風散	有	無
交易稅	較低（0.1%）	較高（0.3%）
買賣方式	透過券商	
交易時間	比照台股的開盤時間，為星期一至星期五的上午 9 時開盤，至下午 1 時 30 分收盤	

的，大大分散風險。

ETF 和共同基金的比較

那如果我太忙了，沒辦法親自去自助餐店買便當怎麼辦？這時候，你可以相信別人的眼光，直接請別人幫你選菜，至於菜色好不好就不一定了——這個模式跟買「共同基金」一樣，而且是「主動型基金」。

什麼是共同基金？概念很簡單，就是將眾多投資人的資金結合起來，再由專業機構負責投資管理，而投資的收益及風險由投資人「共同」分擔。

其中依操作方式不同，共同基金還可以分成「主動型基金」和「被動型基金」（也就是指數型基金），前者是託人依照他的喜好幫你挑配菜，後者則是依照菜色的營養好吃指數來夾菜。

圖表 1-6 和圖表 1-7，分別是 ETF 和主動型基金及被動型基金（指數型基金）的比較。雖然 ETF 和指數型基金都是依營養好吃指數來挑選配菜，但前者的價格會隨時隨菜價（標的指數）波動，後者則是同一天均一價，這點主動型基金和指數型基金一樣。

在臺灣，基金幾乎都是主動型，被動型的很少，所以講到共同基金這個詞時，大都是指主動型基金。

圖表 1-6　ETF 和主動型基金比較表

	ETF	主動型基金
管理方式	被動管理	積極管理
目標	追求與指數一致的報酬	主動操作，打敗大盤
管理費用	低， 最低到 0.04%，甚至有 0%	高， 通常落在 1.5% 到 2.5% 不等
績效表現	隨標的指數漲跌	視基金經理人的操盤能力而定
交易方式	價格隨著指數波動， 交易時段皆可隨時交易	以每日收盤淨值定價， 無法隨時交易
投資組合內容 變動頻率	低；除非指數成分股變動， 否則投資組合內容固定	高；依照經理人判斷 是否要更改投資組合
投資組合透明度	高；發行商會公布持股清單	低；難以查詢持股內容
買賣方式	透過券商	透過基金公司或銀行

圖表 1-7　ETF 和被動型基金（指數型基金）比較表

	ETF	被動型基金（指數型基金）
管理方式	被動管理	
目標	追求與指數一致的報酬	
管理費用	低，最低到 0.04%， 甚至有 0%	低，普遍在 0.5% 以下
交易方式	價格隨著指數波動， 交易時段皆可隨時交易	以每日收盤淨值定價， 無法隨時交易
投資組合內容 變動頻率	低，除非指數成分股變動，否則投資組合內容固定	
投資組合透明度	高，發行商會公布持股清單	
買賣方式	透過券商	透過基金公司或銀行

ETF 優點總結

總的來說，ETF 有以下這些特色：

1. 交易方便。

投資人只要擁有台股證券帳戶，便可以像交易股票一樣交易 ETF，盤中可即時買進賣出，不須像傳統共同基金那樣，需要有繁瑣的申購及贖回手續。投資美股 ETF 也一樣，投資人可透過複委託或是海外券商來交易。（按：關於複委託及海外券商，詳見第三章第二節。）

2. 交易費用低。

與一般共同基金比較起來，ETF 有著相當低廉的管理費，且交易稅也較一般股票來得低。

3. 被動式管理。

相對主動式管理而言，被動式管理可避免較多的人為因素干擾，並可因此降低管理費用。

4. 周轉率低。

股票進出僅需依成分股變動來調整，交易成本也因此降低。

5. 投資組合透明度高。

基金發行公司每日會將持股狀況向市場參與券商公布，並定期向公眾發布。

不過，ETF 不是萬靈丹，也會被短線投資者濫用。

約翰・柏格在財經媒體《萬里富》（*The Motley Fool*）中，對 ETF 做了微妙的解釋，他說，ETF 就是：「把指數型基金放在交易所內即時買賣。」

在買賣股票的地方買賣基金，就是投資人買賣 ETF 在做的事情，這句話無形中也透露出柏格對 ETF 的顧慮──因為太容易買賣，導致許多人頻繁買進賣出，失去了被動投資的本意。

事實上，被動投資是用買進持有的策略來管理投資組合，組合內可以包含個股或是 ETF。而這樣做並不是為了快速獲利，也不是靠著孤注一擲而致富，是為了隨著時間推移累積財富，並追求整體資產長期穩健的成長。

● PG 入門筆記

2019 年 1 月 16 日，「指數基金之父」約翰‧柏格以 89 歲高齡仙逝。早在 31 歲時，他首次出現心臟劇痛，後來醫生診斷他患有先天性心臟病，指其右心室發育不良。

這之後的工作時間裡，因為受到心律不整的折磨，柏格充分明白，每個人都有機會被挫折打敗，最重要是找到自己的生活規律，知道自己想要怎樣的人生。

他以自己患病及投資的經驗，給予年輕人 5 個致富建議：

1. 要成為企業家，就要準備好冒險。
2. 努力奮鬥，它不會傷害你。
3. 找一間對的公司，即使該職位不適合你（這會讓你迎來更多機會）。
4. 投資要有規律。
5. 人生如戲，活在當下。

約翰‧柏格的醫生曾這樣形容他：「柏格對生命及工作的態度完全一致，全心全意的投資在生命及工作上。」與大家共勉之。

3

股神巴菲特
也選 ETF 的理由

　　我想很多人會有疑問，「投資 ETF 就能賺錢」是不是被過度神化了？自己從指數裡面挑選成分股，把較差的成分股篩掉自組 ETF，這樣不是更好嗎？基金經理人選股也有贏過大盤的吧？

　　其實，這些種種造成你投資 ETF 的阻礙，巴菲特已經有了實際金額的實驗。

　　巴菲特在 2006 年的股東大會中公開提出一項挑戰：他願意用 100 萬美元的賭注，接受任何人挑選最多 10 檔避險基金的投資組合，來跟美國標準普爾 500 指數基金比較績效，獲勝的一方就能贏得對方的 100 萬美元，並捐給自己指定的慈善機構。

　　這件事情公開之後，前投資公司 Protégé Partners 共同經理人賽德斯（Ted Seides）接受了挑戰，並挑選了 5 檔避險基金挑戰巴菲特。

　　很快的，這場賭注於 2017 年 12 月 31 日正式落幕，巴菲特選擇的指數型基金 10 年報酬率是 94％，在過去這 10 年間，獲得了平均每年投資報酬率 8.5％的成績；另一方就不是那麼樂觀了，賽德斯選擇的基金報酬率為 24％，平均每年投資報酬率只有 2.96％。比賽結果顯然是巴菲特利用指數基金大勝，並為他選擇的慈善機構

贏得了獎金。

巴菲特能贏的原因在於「低成本」，因為他選擇的是低成本的指數型基金，讓他能夠用低成本取得股票市場的合理回報，隨著比較時間越長，低成本帶給他的勝算就越大。（資料來源：網站「副總裁的理財日誌」。）

與其自己苦惱，不如和大家一樣好

對於散戶來說，大多數投資商品收取高昂的費用，卻沒有提供合理的報酬；如基金經理人每年收取 2％的費用，只提供客戶「可能」打敗大盤的策略，但許多數據、文獻都不斷發現，這些基金在扣除成本前，只能約略跟大盤報酬相等，扣除成本後，投資人大都拿到落後於市場報酬的成績。

自己未必比較會選股，請經理人操盤也未必比較好，但**長期投資大盤指數，可以讓自己跟大家一樣好**。

你投資 ETF 後，就能**用極低且合理的成本拿到各個投資市場該有的報酬率**，讓你不用花太多精力去研究，也可以輕鬆跟上平均值，讓財富隨著經濟成長而保值，甚至是增值。

因為主動式管理的成本太高，且過於追求短期績效而頻繁更換持股所產生的交易費用，反而會拖累報酬，即使經理人打敗大盤，但投資人多數的獲利都付給了基金公司。另外，不管是基金還是 ETF，較高的收費都不是高報酬的保證；相反的，收費低廉的基金與 ETF 才是長期好報酬的基本條件（不保證獲利，但肯定好過收

費高的）。

　　基金的好處在於可以定期定額，可惜臺灣目前市場太小，尚缺少一個真正收取低成本、可以定期定額的指數型基金，只能自己透過投資 ETF，來達到定期定額投資指數型商品的策略。

指數化投資：飆股、績優股，我全都要

　　指數化投資，是取得我們應得的**市場報酬**，也就是持有市場上所有可投資的證券，以得到某一市場的報酬率。理論上這一份報酬會給你今年應該得到的獲利，一分不多也不少，不過實際上是要扣除一些費用的。

　　如果拿學校來比喻的話，我們可以把市場報酬想像成一個班級中學生的平均成績（見圖表 1-8），一個班級是一個投資市場，每個學生就代表一家企業的股票。

圖表 1-8　如果投資市場是班級，市場報酬就是學生平均成績

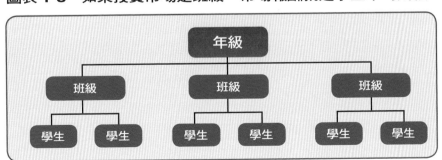

　　美國市場好比第一班；日本市場則好比第二班，以此類推。當把每個年級的分數平均起來，我們會得到整個年級的平均分數，這個年級平均分數就像是全世界市場的平均。一旦我們投資整個年級，就像是投資了整體市場，把每個股票都投資到了（見圖表 1-9）。

圖表 1-9　投資整體市場，形同投資到每一個股票

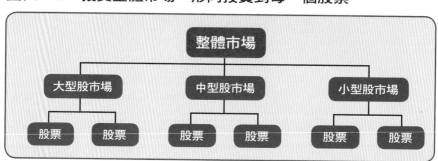

　　指數化投資股市的話，表示擁有某個系統指數裡面所有（或是幾近全部）的股票（見圖表 1-10），而不是只試圖持有績效較好的股票，或是依據某個嚴格的標準持有哪些股票。

　　以這種方式進行投資的基金中，只要股票沒有下市，就不需要因為市場價值的變動而隨時買賣股票。

　　這類型知名的 ETF 有 Vanguard 整體股市 ETF（簡稱 VTI），能讓我們用一支 ETF 就投資美國全部的股票（詳見本書第二章），

圖表 1-10　投資全部市場的指數化投資

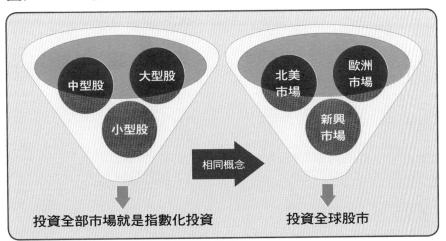

以目前一股 140 美元的價位來說，只要花相當於新臺幣 4,200 元（1 股 VTI ≒ 140 美元 ×30 ≒新臺幣 4,200 元），就可以一次投資美股 3,680 檔股票，絕對分散、便宜且快速。

就算你只買得起一股，也能分散投資，而且 ETF 的管理費用低，每年只要 0.03％的費用，相當於一股新臺幣 1.26 元（1 股 VTI 每年收費 ≒ 140 美元 ×30×0.03％ ≒新臺幣 1.26 元），就幫我們買下美股上市的全部股票。

另外還有一檔能一次投資全世界股票的 Vanguard 全世界股票 ETF（簡稱 VT，詳見本書第二章）。此 ETF 能讓我們一次投資遍布世界各地的股票，以目前一股 75 美元的價位來說，我們只要花費相當於新臺幣 2,250 元（1 股 VT ≒ 75 美元 ×30 ≒新臺幣 2,250

元），就可以一次投資全世界 8,167 檔股票，而且每年費用只要 0.09％，相當於一股只要 2.025 元（每一股 VT 每年收費≒ 2,250 元 ×0.09％≒ 2.025 元）。

相對於收取費用高達 1％、2％的主動式共同基金，指數型基金、ETF 的長期報酬表現甚至能夠更好，我們也不需要付出那麼多錢給基金經理人，相比之下更「經濟實惠」。

總歸來說，指數化投資能讓我們用「俗擱大碗」的方式投資，務實而且毫不費力，簡單又不需要花費太多力氣！

● PG 入門筆記

指數化投資並不是哪個投資人某天被打通任督二脈，突然領悟出的投資方式，它其實也有理論支持。

事實上，被動投資、指數化投資源自於現代投資組合理論、效率市場假說。

現代投資組合理論指出分散投資能降低非系統風險；效率市場假說指出理性市場中，價格完全反映了市場訊息。

由於市場多數時候是有效率的，因此持有整個市場的分散式投資組合，便是取得市場報酬最好的投資方式。

指數型基金的紀錄對於效率市場理論而言，是一種最有力的支持，證明這個理論站得住腳，實際運作上也行得通。

投資越久，波動越低

為什麼一流投資人會選擇長期投資？因為無論你怎麼做，資本都會有風險，諸如通貨膨脹、投資波動、本金變動、收益變動……就算不買股票、只持有現金，同樣有風險。

即使曝險（risk exposure，按：一般的投資都有某種程度的風險，一旦投資了，投資人就暴露在該風險下，稱之為曝險）過度可能傾家蕩產，但曝險不足注定老來窮困。據統計，從 1802 年到 2012 年，股票長期持有 5 年以上就能大幅降低風險。

華頓商學院金融學者傑諾米·席格爾（Jeremy Siegel）的經典投資力作《長線獲利之道：散戶投資正典》（*Stocks for the Long Run*），便談及長期持有分散得宜的股票投資組合，不僅可以對抗通膨，其報酬更勝黃金和債券，且風險比定存還低。

下頁圖表 1-11 就出自該書，圖中顯示：在過去 200 年以來（1802～2012 年），如果短線操作股票，報酬率就很像擲硬幣，可以從 +66.6％到 -38.6％起伏很大，大家認為較為穩定的債券與國庫券（常被類比於現金）波動則小一點，但還是可能虧損。

神奇的是，當圖中趨勢逐漸右移，也就是隨著持有時間延長，虧損的風險會大幅下降（圖片下半部逐漸縮減），且在 20 年甚至 30 年以上的投資時間架構下，只有投資股票在通膨後仍能獲利。

下頁圖表 1-11 也告訴我們如何決定投資分配：如果是 1～2 年後要用到的錢，必須歸類在短期架構下，我們只能放定存；如果是 5～10 年後要用到的錢，必須歸類在中期架構下，我們則必須

以債券為主，少部分股票為輔；例如想存幾年後買房的頭期款、買車的費用、學費等，這類型的預算不適合投入到股票市場投資股票 ETF，反而建議放在定存，或是買中短期的政府公債 ETF。

如果是 20 ～ 30 年後要用到的錢，必須歸類在長期投資架構下，我們就要以股票為主，債券為輔。例如想規劃退休金的投資組合，就可以安排以股票 ETF 為主。

圖表 1-11　短線操作的起伏很大，但虧損風險會隨著時間下降

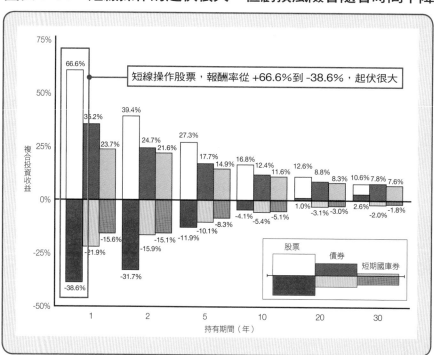

資料來源：傑諾米‧席格爾，《長線獲利之道：散戶投資正典》。

第二章

股票上千支，選股很燒腦，好的 ETF 只在三大類──股票、債券、房地產

股票型 ETF：
台股、全球股、美股與其他

ETF 可以依照資產和行業分類，而我較推薦資產類別中的股票 ETF、債券 ETF、不動產投資信託 ETF（即房地產 ETF）。

前面已經提過，股票代表一家公司的部分所有權，只要企業持續成長，投資人自然能享受到成長的紅利；**股票 ETF** 則可以讓我們一次投資許多企業，享受整體產業的成長，**讓我們一次投資上百、上千檔股票，成為許多世界頂尖企業的小股東。**

圖表 2-1　3 檔台股 ETF

名稱	代號	分類	總管理費用	殖利率（股息收益率）	
元大台灣卓越 50 基金	0050	台股大型股	0.44%	3.32%	
富邦台灣采吉 50 基金	006208		0.32%	3.85%	
元大台灣中型 100 基金	0051	台股中型股	0.71%	3.46%	

註：總管理費用為管理費加上其他非管理費用。

最適合新手入門──台股 ETF

如果你想投資台積電或是鴻海，又想存金融股怎麼辦？買元大台灣卓越 50 基金（代號 0050，詳見圖表 2-1）就對了，因為 0050 可以讓你買科技股又買金融股。

想入門 ETF 投資的朋友，都是從這台股最知名的 ETF 起手，投資台股市場市值最大的 50 家公司。

0050，全名「元大寶來台灣卓越 50 指數股票型基金」，又常簡稱「台灣 50」，是目前投資台股大型股票最具指標性的 ETF，只要買這檔 ETF 就可以一次布局臺灣的大型權值股，快速達到分散投資。

另一個類似標的是 006208，全名「富邦台灣采吉 50 基金」，

	規模（百萬美元）	成交量（股）	持股數量	年化標準差（震盪程度）	簡介
	2,072	1,352,720	50	14.75%	規模大、成交量佳
	65	637,662	50	15.07%	費用較低
	10	10,100	100	14.03%	臺灣中型股

簡稱「富邦台 50」，和台灣 50 一樣追蹤台灣 50 指數，但由於比台灣 50 晚了將近 9 年才發行，所以富邦台 50 的規模與交易量，並不如台灣 50。

台灣 50 目前規模達新臺幣 630 億元，富邦台 50 則為新臺幣近 20 億元（統計到 2019 年 11 月 27 日）。**規模大有個好處，就是不容易下市**（規模少於新臺幣 1 億元，投信可以申請終止 ETF 上市；參考案例：2019 年 11 月 12 日，富邦發達〔代號 0058〕因規模只剩 3,421 萬，富邦投信遂申請自 12 月 13 日終止掛牌），**即使下跌也更容易存留在市場上**。

在費用上，富邦台 50 的總管理費用為 0.32％，明顯低於台灣 50 的 0.44％；就流動性來看，富邦台 50 目前月均交易量為 7.7 萬股左右，台灣 50 則有 900 萬股。

綜合規模、費用、流動性評比，我又更推薦大家使用規模大的台灣 50，來進行指數投資。

另外一檔常見台股 ETF 是元大台灣中型 100 基金，它是中型股指數型 ETF，成立於 2006 年 8 月 24 日，指數由台股市值排名第 51 名到第 150 名所組成。

圖表 2-2 是臺灣大型股（0050）以及中型股（0051）近年來的報酬表現比較，由此可見**大型股表現比中型股好上很多，波動也比較小**，不會有太大的起伏，較為穩定。

圖表 2-2　臺灣大型股及中型股的近年報酬表現

ETF 代號 期數	0050（大型股）	0051（中型股）
2007	11.14% 勝	5.17%
2008	-43.21% 勝	-53.13%
2009	73.86%	94.32% 勝
2010	12.94%	14.32% 勝
2011	-15.77% 勝	-23.46%
2012	12.41%	12.77% 勝
2013	11.59%	18.36% 勝
2014	16.94% 勝	3.74%
2015	-6.06% 勝	-15.26%
2016	18.67% 勝	7.22%
2017	18.39%	26.74% 勝
2018	-4.87% 勝	-7.90%
總報酬	192.25% 勝	123.08%
年化報酬	5.60% 勝	1.75%

人在家中坐，賺遍全世界——全球市場 ETF

接下來，我們把鏡頭帶到美股，首先介紹全球市場 ETF。

全球市場顧名思義，就是投資到全世界，另外市場還可以細

分成美股市場、環球除美市場、歐亞新興市場，各自都有相應的
ETF，後面我會以常見的為主慢慢介紹。

在圖表 2-3 中，Vanguard 全世界股票 ETF（VT）、iShares
MSCI 全世界 ETF（ACWI）、iShares MSCI 全世界 ETF（URTH）
這三檔全球市場 ETF，持股都是全球知名的大公司，涵蓋我們日
常生活中各種產業，包含生產 iPhone 的蘋果（Apple）、開發電腦
文書軟體 Office 的微軟（Microsoft）、全球最大電子零售商亞馬
遜（Amazon）、在臺灣以個人衛生產品聞名的嬌生（Johnson &
Johnson）、大家常使用的社群網站臉書（Facebook）、Alphabet
公司（Google 母公司）、全球最大石油公司埃克森美孚（Exxon
Moril）、股神巴菲特經營的波克夏（Berkshire，按：一間多元控
股中心，前身為紡織公司，巴菲特入主後妥善配置其保留盈餘，始

圖表 2-3　3 檔全球市場 ETF

中文	英文	代號	分類	總管理費用	殖利率（股息收益率）
Vanguard 全世界股票 ETF	Vanguard Total World Stock ETF	VT	環球股市	0.09%	2.22%
iShares MSCI 全世界 ETF	iShares MSCI ACWI ETF	ACWI		0.32%	1.99%
iShares MSCI 全世界 ETF	iShares MSCI World ETF	URTH		0.24%	1.98%

轉型控股中心）等等。

除了上述這些，還有許多的產業（見下頁圖表 2-4）都能買下來，使你成為全世界的股東，大家在消費時你就能賺錢，讓花掉的錢都自己流回來，每一筆消費都會有回饋進到我們的口袋！

VT 自 2008 年 6 月 24 日成立，追蹤 FTSE 全球全市場指數（FTSE Global All Cap Index），統計至 2018 年底，此 ETF 持有的企業高達八千多檔，基本上你能想到的公司都含括在內。

ACWI 成立於 2008 年 3 月 26 日，總管理費用最高（0.32％），追蹤指數為 MSCI 所有國家世界指數（MSCI All Country World Index，新興國家和已開發國家皆包含），雖然也是投資全球股市，但 ACWI 只包含大型股與中型股，沒有包含小型股。

URTH 成立於 2012 年 1 月 10 日，總管理費用 0.24％，追蹤

規模（百萬美元）	成交量（股）	持股數量	年化標準差（震盪程度）	簡介
17,200	1,275,510	8,167	15.26%	投資環球大、中、小型股：45.63%巨型股、30.62%大型股、18.18%中型股、5.11%小型股、0.46%微型股
10,741	1,430,080	1,373	17.91%	追蹤指數為 MSCI 所有國家世界指數，投資環球大、中型股：51.93%巨型股、35.62%大型股、12.35%中型股、0.10%小型股
752	53,059	1,199	19.12%	追蹤指數為 MSCI 世界指數，投資環球大、中型股：51.75%巨型股、36.42%大型股、11.83%中型股

我畢業五年，用 **ETF** 賺到 **400** 萬

圖表 2-4　VT 的主要持有產業

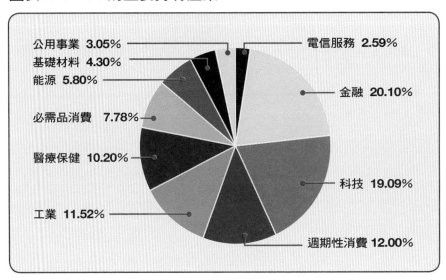

資料來源：ETF.com。

的是 MSCI 世界指數（MSCI World Index，只包含已開發國家），
投資環球大、中型股，沒有涵蓋到小型股。

　　從追蹤指數來看，VT 是全市場指數，ACWI 和 URTH 只包含
到中型股，無法涵蓋小型股，所以**選擇相較之下，VT 可以買到更
多的全球企業**。

　　基於指數化投資原則，投資要盡可能全面涵蓋。透過這種全
球全市場的 ETF，可以一次投資全世界的股票，包含已開發國家、
新興國家市場的股票（見圖表 2-5）。而且投資 VT 之後，不用煩
惱要怎麼配置各區域的比重，因為 VT 追蹤的全球市場指數會自動

圖表 2-5　VT 的主要持有國家

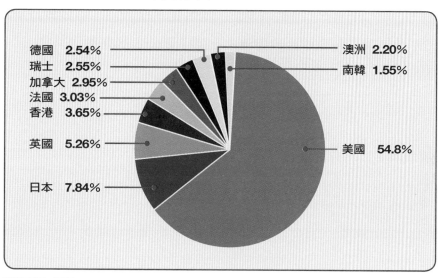

德國　**2.54%**
瑞士　**2.55%**
加拿大　**2.95%**
法國　**3.03%**
香港　**3.65%**
英國　**5.26%**
日本　**7.84%**
澳洲　**2.20%**
南韓　**1.55%**
美國　**54.8%**

資料來源：ETF.com。

依據市值加權的方式，來配置每一個國家、每一檔股票的比例，然後每年調整。

　　若是從投資涵蓋程度來評估，VT 的涵蓋範圍最好，費用也最低（0.09％），相比總管理費用為 0.32％和 0.24％的 ACWI 和 URTH，投資 VT 每年可節省 71.8％以及 62.5％的投資費用。

1－（0.09%÷0.32%）≒71.8%　→比 ACWI 還省 71.8%

1－（0.09%÷0.24%）＝62.5%　→比 URTH 還省 62.5%

　　除此之外，若以年度歷史報酬來比較（見圖表 2-6），VT、ACWI、URTH 的表現不會差異太大，因此我真的十分**推薦用 VT 這一檔**，來達到全球分散投資的目的（我個人也有把這一檔 ETF 規劃進我的投資組合中）。

圖表 2-6　全球市場 ETF 的歷史報酬

年度 ＼ 代號	VT	ACWI	URTH
2009	33.62%	35.23%	未成立
2010	13.05%	12.31%	未成立
2011	-7.71%	-7.60%	未成立
2012	17.33%	15.99%	剛成立
2013	22.98%	22.91%	26.74%
2014	3.97%	4.64%	4.90%
2015	-1.88%	-2.39%	-0.62%
2016	8.77%	8.22%	7.84%
2017	24.19%	24.35%	22.51%
2018	-9.67%	-9.15%	-8.37%

生活投資最佳代表——美股市場 ETF

　　說到投資海外甚至全世界，有些投資人會感到害怕。不過我先問你幾個問題：你常去好市多購物嗎？有沒有喝過星巴克？平常是不是用 Google 來查詢資料？有沒有看過 YouTube 影片、上臉書、看巴菲特的投資書籍？如果你對這些公司很熟悉，那麼你對我接下來要介紹的，應該不會太陌生——美股市場 ETF。

　　其實投資美股一點都不難，反而與我們的日常生活很接近，就像我剛剛提到的幾個例子，是不是都很熟悉呢？所以說，美股投資完全是生活投資的最佳代表。

　　美國國內股市總市值，約占全球各國國內股票市值的 4 成左右，許多跨國知名企業也在美國上市，金融監管也最全面；利用投資美國市場，可以參與這些優質企業的成長。

　　美股市場 ETF 大致上分為兩類，一種是整體股市 ETF（簡稱 VTI），另一種是追蹤標普 500 指數的 ETF（包括 VOO、IVV、SPY）。就市值來看，VOO、IVV、SPY 已能涵蓋大多數的市場，但還是建議用 VTI 來補足小型股以及微型股。（詳見下頁圖表 2-7）

　　就產業分布而言，VTI 與 VOO 類似（見下頁圖表 2-8），投資科技業約占 22％～ 23％，接著金融業約 15％～ 16％，不過就涵蓋性來講，**VTI 這類追蹤全市場的 ETF 能投資到小型股和部分微型股，報酬會更貼近美國整體股市表現**（見第 69 頁圖表 2-9）。

　　如果再考量 ETF 資產規模，對於希望取得美國市場指數報酬的投資人，我會建議選擇 **VTI 作為投資美國市場的投資標的**。

圖表 2-7　4 檔美股市場 ETF

中文	英文	代號	分類	總管理費用	殖利率（股息收益率）
Vanguard 整體股市 ETF	Vanguard Total Stock Market ETF	VTI	美股市場	0.03%	1.71%
Vanguard 標普 500 指數 ETF	Vanguard S&P 500 ETF	VOO		0.03%	1.88%
iShares 核心標普 500 指數 ETF	iShares Core S&P 500 ETF	IVV		0.04%	1.50%
SPDR 標普 500 指數 ETF	SPDR S&P 500 ETF	SPY		0.0945%	1.75%

圖表 2-8　VTI 與 VOO 的產業分布

產業類別 / 美股 ETF		VTI		VOO	
科技	週期性消費	22.96%	12.44%	23.52%	12.26%
金融服務	房地產	15.76%	3.82%	16.03%	2.42%
通訊服務	能源	3.18%	4.9%	3.46%	5.22%
工業	基礎材料	10.86%	2.8%	10.19%	2.51%
必需品消費	醫療保健	6.93%	13.2%	7.64%	13.52%
公用事業		3.15%		3.23%	

規模 （百萬美元）	成交量 （股）	持股 數量	年化標準差 （震盪程度）	簡介
845,400	1,884,911	3,680	16.66%	涵蓋美國中小型股的整體股市：46.65%巨型股、29.68%大型股、17.31%中型股、5.47%小型股、0.88%微型股
500,700	1,795,667	500	15.88%	追蹤美股標普 500 指數，包括 56.22%巨型股、34.13%大型股，以及 9.64%中型股
190,915	3,512,289	500	20.12%	追蹤美股標普 500 指數，包括 56.19%巨型股、34.21%大型股，以及 9.60%中型股
275,288	37,073,686	500	15.74%	追蹤美股標普 500 指數，包括 55.61%巨型股、34.24 %大型股、10.15%中型股

圖表 2-9　美股市場 ETF 的歷史報酬

年度 ＼ 代號	VTI	VOO	IVV	SPY
2008	-36.97%	-37.02%	-36.95%	-36.97%
2009	28.82%	26.49%	26.43%	26.42%
2010	17.26%	14.95%	14.96%	14.93%
2011	1.06%	2.09%	2.03%	2.06%
2012	16.41%	15.98%	15.91%	15.84%
2013	33.51%	32.33%	32.31%	32.21%
2014	12.56%	13.63%	13.62%	13.53%
2015	0.40%	1.35%	1.34%	1.34%
2016	12.68%	11.93%	11.90%	11.80%
2017	21.16%	21.78%	21.79%	21.69%
2018	-5.13%	-4.42%	-6.13%	-4.45%

市場會風水輪流轉──除了美國之外的其他選擇

許多國際基金投資於全球特定地區的多個市場，例如：

● 亞太地區（澳大利亞、日本、香港、新加坡）。
● 歐洲（英國、法國、西班牙、德國）。
● 拉丁美洲（巴西、墨西哥、阿根廷、祕魯）。

長期來看，回歸平均值是必然會發生的現象，**也許近幾年美股表現好，但幾年過後或許其他市場報酬更亮眼，因此除了投資美國市場以外，將其他國家納入投資組合也很重要**。這時候，環球除美市場 ETF 就派上用場了（詳見圖表 2-10）。

圖表 2-10　4 檔環球除美市場 ETF

中文	英文	代號	分類	總管理費用	殖利率（股息收益率）
Vanguard 總體國際股票 ETF	Vanguard Total International Stock ETF	VXUS	環球除美市場	0.09%	2.90%
iShares MSCI 核心總體國際股市 ETF	iShares Core MSCI Total International Stock ETF	IXUS		0.10%	2.68%
Vanguard FTSE 美國以外全世界 ETF	Vanguard FTSE All-Wld ex-US ETF	VEU		0.09%	2.92%
Vanguard FTSE 成熟市場 ETF	Vanguard FTSE Developed Markets ETF	VEA		0.05%	2.97%

雀巢（Nestlé SA）、騰訊、阿里巴巴、台積電、三星電子
（Samsung）、瑞士羅氏控股（Roche Holding Ltd，旗下羅氏公
司為跨國醫藥研發生產商）、豐田汽車、荷蘭皇家殼牌（Royal
Dutch Shell Plc，世界第二大石油公司）這些公司，雖然都不是
美國企業，但同樣是 Vanguard 總體國際股票 ETF（VXUS）以及
iShares MSCI 核心總體國際股市 ETF（IXUS）的主要持股；如果
想投資美股以外的企業，在選完美股市場 ETF 後，我們可以用總
管理費用 0.09％的 VXUS 或者是 0.1％的 IXUS，來投資環球除美
市場。

　　假設到目前為止，我們選 VTI（美股市場）跟 VXUS（環球除
美市場）兩個 ETF 組成投資組合，可以獲得持股約 1 萬支的投資

規模 （百萬美元）	成交量 （股）	持股 數量	年化標準差 （震盪程度）	簡介
397,200	1,477,030	6,383	14.28%	涵蓋美國以外整體股市（已開發市場加新興市場），持股量最多
17,376	540,432	3,461	15.39%	涵蓋美國以外整體股市
39,200	2,401,552	2,767	14.27%	涵蓋美國以外整體股市；小型股極少
118,100	7,781,651	3,990	14.36%	涵蓋美國以外已開發市場整體股市

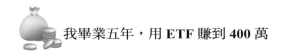

組合，等於涵蓋全球可投資市場。

VXUS 對於地區方面的曝險比例分配如下：

● 亞太地區：44.67%

● 歐洲地區：42.76%

● 北美地區：6.85%

● 拉丁美洲：2.94%

● 中東非洲：2.78%

用經濟發展程度來區分的話：

● 已開發國家：86.19%

● 新興國家：13.81%

從圖表 2-11 我們可以看到，1999 ～ 2009 年間，全球主要股市中表現最好的是拉丁美洲，美股市場最差；但接下來 2009 ～ 2019 年則又反過來，美國市場表現最佳，拉丁美洲最差。如果市場投資不夠多元、分散，你可能會錯過某一個表現最好的市場。

至於 VXUS 與 Vanguard FTSE 美國以外全世界 ETF（VEU）的不同點在於，投資 VXUS 可以涵蓋國際市場上的小型股，即使這些股票只占投資組合中一小部分；而 VEU 主要持有美國以外的全球大、中型股票，幾乎沒有涵蓋小型股（1%）。從涵蓋性來選擇的話，我會建議用 VXUS 作為投資美國以外市場的 ETF。

VXUS 的投資前十大市場有：日本 17.06％、英國 11.84％、香港 8.13％、法國 6.68％、加拿大 6.50％、瑞士 5.63％、德國

圖表 2-11　1999 ～ 2009 年與 2009 ～ 2019 年，結果大不同

排名	2009 ～ 2019 年報酬	指數	1999 ～ 2009 年報酬	排名
1	391%	MSCI 美國指數（MSCI USA）	-40%	10
2	274%	MSCI 世界指數（MSCI World）	-29%	9
3	258%	MSCI AC 世界指數（MSCI AC World）	-25%	8
4	197%	MSCI 新興亞洲指數（MSCI EM Asia）	48%	4
5	169%	MSCI 歐洲指數（MSCI Europe）	-16%	6
6	166%	MSCI 德國指數（MSCI Germany）	-10%	5
7	165%	MSCI 太平洋指數（MSCI Pacific）	-20%	7
8	152%	MSCI 新興國家指數（MSCI EM）	81%	2
9	87%	MSCI 新興歐洲指數（MSCI EM Europe）	70%	3
10	74%	MSCI 新興拉丁美洲指數（MSCI EM Latin America）	200%	1

5.63％、澳大利亞 4.87％、韓國 3.42％、臺灣 3.26％。

　　想投資美國以外成熟（已開發）市場的話，可選擇總管理費用 0.05％的 VEA，VEA 能涵蓋小型股以及加拿大市場的股票，主要

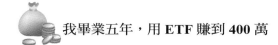

持股包含雀巢、羅氏控股、諾華（Novartis，總部位於瑞士的製藥及生物技術跨國公司）、滙豐控股（HSBC Holding plc，總部設於美國，為規模最大的歐系銀行）、三星電子、豐田汽車。

　　VEA 在大型股的比例比 VEU 低，為 78%（見圖表 2-12），其他依次為中型股 16%、小型股 5%、微型股 1%；VEU 光是大型股就占了 88%，剩下中型股占 10%，小型股只占了 1%。

　　雖說 VEU 和 VEA 都是投資美國以外的股市，但兩者也有不同之處：VEA 追蹤的是富時全球除美已開發國家股市指數（FTSE Developed All Cap ex-US Index），投資除美已開發市場；VEU 則追蹤富時美國以外全世界指數（FTSE All-World ex-US Index），投資除美已開發市場加上新興市場。

圖表 2-12　VEA 及 VEU 的市場資本占比

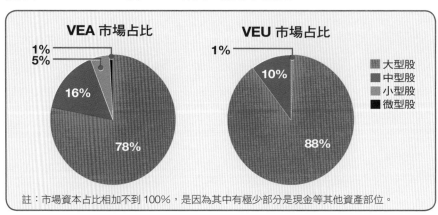

註：市場資本占比相加不到 100%，是因為其中有極少部分是現金等其他資產部位。

資料來源：ETFdb.com。

另外，兩者投資區域也有些微差異。根據 ETFdb.com 的網站資料，可以發現 VEA 組成較單純，歐洲占比為 53％、亞太地區則是 32％，接著是北美地區 9％、亞洲 5％；VEU 則涵蓋到更多的區域，投資歐洲地區只占 44％、亞太地區 25％，剩下為亞洲 18％、北美 7％、拉丁美洲 3％、非洲 2％、中東 1％。

圖表 2-13 是比較 Vanguard 以及 iShares 兩家發行同類型 ETF 的報酬，因為 Vanguard 較早發行，因此資料較多筆。

圖表 2-13　環球除美市場 ETF 的歷史報酬

年度 ＼ 代號	VXUS	IXUS	VEU	VEA
2008	-44.10%	-	-44.02%	-41.25%
2009	36.73%	-	38.89%	28.34%
2010	11.12%	-	11.85%	8.47%
2011	-14.57%	-	-14.25%	-12.57%
2012	18.22%	-	18.55%	18.60%
2013	15.16%	15.85%	14.50%	22.12%
2014	-4.17%	-3.96%	-4.05%	-5.71%
2015	-4.28%	-4.62%	-4.67%	-0.21%
2016	4.72%	4.66%	4.77%	2.51%
2017	27.52%	28.08%	27.27%	26.44%
2018	-14.42%	-14.55%	-13.97%	-14.47%

我該選擇哪種股票 ETF ？ PG 推薦你 6 檔

基本上，除了全世界股票 ETF（代號 VT）以外，好好分配投資區域也是很好的投資方式，其中可分為美國股市 ETF（代號 VTI、SPY）、環球除美市場 ETF（代號 VXUS、IXUS）、已開發國家市場（代號 VEA）（見圖表 2-14）。

圖表 2-14　股票 ETF 推薦

分類	名稱	代號
全球市場 ETF	Vanguard 全世界股票 ETF	VT
美國股市 ETF	Vanguard 整體股市 ETF	VTI
	SPDR 標普 500 指數 ETF	SPY
環球除美市場 ETF	Vanguard 總體國際股票 ETF	VXUS
	iShares MSCI 核心總體國際股市 ETF	IXUS
	Vanguard FTSE 成熟市場 ETF	VEA

若以投資區域的分類來建構投資組合，也就是以世界地圖的角度來看，我建議先將美洲、歐洲、亞太等三大版塊納入投資組合，鞏固本身的主要進攻部隊，此為核心分類。

接下來是次要的衛星分類（重要性與核心分類相對，核心是
一定要配置的部分，衛星配置則可有可無，依照個人情況調整）
——單一國家 ETF 以及產業型 ETF ——國家 ETF 有數十種，
如臺灣、美國、中國、英國、德國等等；產業類別一樣分為多種
ETF，像是電信業 ETF（例：iShares 美國電信 ETF，iShares U.S.
Telecommunications ETF，代號 IYZ）、金融股 ETF（例：元大台
灣金融基金，代號 0055）等等。

區域型的 ETF 持股多故風險分散、流通量也較佳，同樣能投
資到不同產業以及國家；如果一開始就從特定產業型 ETF 切入，
會面臨要選擇哪一個產業、哪一個國家開始投資的問題，**反而變成
集中投資**，提高不必要的風險。

2

債券 ETF：
短、中、長期各取所需

　　債券是投資人把錢借給發行單位，換取到期日前按時還息的承諾，功用是替發行債券的單位遮風避雨，當市場黑暗期來臨時，提供安慰與援助，甚至是滅火。

　　投資債券首重安全，而非報酬，如威廉·伯恩斯坦（William Bernstein）在《投資金律》中寫道：

　　在投資組合中，我們該承受風險的部位是股票，而不是債券；投資債券的目的是希望保護投資組合不受市場低迷影響，同時獲得一定的現金流動性。

　　注意，**購買單一債券的進入門檻較高**（一般而言，海外券商的購買門檻多在 1,000 美元以上，複委託則在 1 萬美元以上，金額皆因每檔債券而有所不同），但小資族若用債券 ETF，即使只有幾千塊，也能投資很多債券。

　　投資組合中的**債券最好是政府公債或是綜合債券**，而非高收益債券（詳細舉例可見圖表 2-15），因為高收益債 ETF 在股災時，下跌幅度也可能像股票一樣慘，進而失去避險效果。

圖表 2-15　投資債券 ETF 也該慎選,以免失去避險效果

	類型	舉例
推薦	政府公債	iShares 3 ～ 7 年期美國公債 ETF(IEI)、iShares 20 年期以上美國公債 ETF(TLT)
	綜合債券	Vanguard 美國總體債券市場 ETF(BND)、Vanguard 總體國際債券 ETF(BNDX)、Vanguard 全世界債券 ETF(BNDW)
不推薦	高收益債	SPDR 彭博巴克萊高收益債 ETF(JNK)、SPDR 彭博巴克萊短期高收益債券 ETF(SJNK)

追求合理收入,降低短期市場下跌的影響

債券在股市下跌時有兩個功用,一是股災時作為「保險」,來保護投資組合,二是作為情緒上的避險工具。

股災時,債市的跌幅沒有股市大,有時甚至還可能上漲,讓投資人信心與能力兼具,得以在股票跌到跳樓拍賣價時賣債買股,進場以低價接手股票。

長期來看,債券的報酬率只源自於它的孳息(按:由原物所產生的額外收益),與大環境利率水準息息相關。在美國 1926 年到 2017 年間的投資歷史上,美國 10 年期公債提供了 4.88％的年化報酬率,美國 3 個月期國庫券則提供了 3.39％的年化報酬率,波動性比股票來得小。

基於以上原因,許多人購買債券來取得穩定的配息,並且平衡

投資股票所產生的波動性。

　　近代投資歷史上，美國 10 年期公債幾乎都能夠逆勢上漲，但要注意也是有和股票同步下跌的情形發生，像透過圖表 2-16，即可發現 1931 年、1941 年便是同步下跌，股票和債券的報酬率都為負值。

圖表 2-16　1929 ～ 1946 年間，股市下跌時公債的保護效果（有例外）

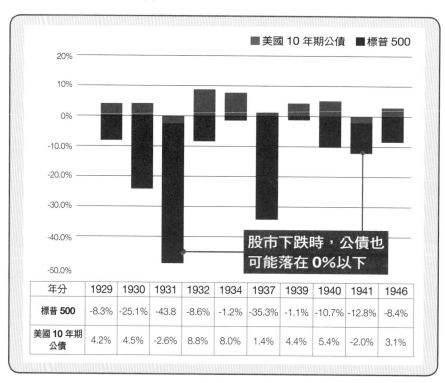

年分	1929	1930	1931	1932	1934	1937	1939	1940	1941	1946
標普 500	-8.3%	-25.1%	-43.8	-8.6%	-1.2%	-35.3%	-1.1%	-10.7%	-12.8%	-8.4%
美國 10 年期公債	4.2%	4.5%	-2.6%	8.8%	8.0%	1.4%	4.4%	5.4%	-2.0%	3.1%

美國 10 年期公債　■ 標普 500

股市下跌時，公債也可能落在 **0%** 以下

債券的風險雖然較股票來得低且穩定，但風險再怎麼低，也不可能是零，所以我們還是必須了解一些關於債券投資的危險：

1. 利率風險。

理論上，當利率上升時，債券的價格會下跌。當債券存續期間越長，受利率變動的影響就越大，對於利率改變也越敏感，風險自然越高。不過，這部分可以**透過投資短期債券來減低**。

2. 收入風險。

當利率下降時，債券基金的配息便會降低，債券投資者的收入於是跟著降低。對於**短期債券投資人來講，因為債券到期得早，因此收入風險高於投資長期債券的投資人。**

3. 信用風險。

如果只投資個別債券，當債券發行者違約時，投資人可能會損失部分或全部本金；另一種是當信用評級（按：又稱主權評級〔主權國家信用評級〕，著名的三大信用評級公司有標準普爾、穆迪公司〔Moody's Corporation〕及惠譽國際〔Fitch Group〕）遭降低時，信用風險也會增加。

所幸我們投資的是債券 ETF，因為分散持有的關係，**能避開單一債券的信用風險以及信評降級的情況。**

至於信用評級方式，標準普爾、穆迪和惠譽各有不同表現方式，詳細請見下頁圖表 2-17。

圖表 2-17　標準普爾、穆迪、惠譽長期信用評級表

投資等級			
	標準普爾	穆迪	惠譽
最高評級	AAA, AAA+	Aaa, Aa1	AAA, AA+
優良	AA, AAA-, A+	Aa2, Aa3, A1	AA, AA-, A+
好	A, A-, BBB+	A2, A3, Baa1	A,A-, BBB+
中等	BBB, BBB-	Baa2,Baa3	BBB, BBB-
非投資等級			
不確定	BB+, BB, BB-	Ba1, Ba2, Ba3	BB+, BB, BB-
差	B+, B, B-	B1, B2, B3	B+, B, B-
非常差	CCC+, CCC, CCC-	Caa1, Caa2, Caa3	CCC+, CCC, CCC-
極差	CC	Ca	CC
最低	C	C	C

註：若想知道各國信用評級，可至「鉅亨網金融中心→央行專區→國家主權評級」查詢。

資料來源：鉅亨網金融中心。

4. 匯率風險。

由於投資的是國外證券，所以會牽涉到兌換外幣的問題，其中必定有匯率高低的差別，影響到你換匯後，是否換多或者換少。

我自己的做法是每個月固定將新臺幣換成外幣（我投資美股，故換成美元），避免將錢全押在同一個匯率上，畢竟匯率低時當然很好，匯率高時可就吃虧了。

如果你非常保守，選美國政府公債

了解了台股及美股常見的股票 ETF 之後，接著我們要介紹的
是債券 ETF，包含：美國政府公債 ETF、美國綜合債券 ETF、國
際政府公債 ETF、高收益債 ETF。

如果你是非常保守的投資人，那麼我建議投資美國政府公債
ETF，這絕對是安全又穩健的最佳代表。

**選擇債券 ETF 要的是穩定，報酬則是其次；要追求報酬應該
在股票市場上，而非透過債券市場。**此外，不能為了追求報酬率而
犧牲信用評級的要求，利率風險和信用風險都得適度限制。

美國政府公債 ETF 因為信用風險低，支付的利率通常低於企
業債券，而且政府不能償還貸款的機會較低，在投資組合中往往扮
演穩定軍心的角色（詳見下頁圖表 2-18）。

選擇債券 ETF 除了費用以外，還要留意平均的存續期間（短、
中、長期），當存續期間越長，代表利率風險越高，對利率較敏感；
因此就存續期間來評估，**長期債券的利率風險就高於中期公債以及
短期公債。**

想投資短期公債的話，你可以考慮 Vanguard 短期公債 ETF
（VGSH）或是 iShares 1 ～ 3 年期美國公債 ETF（SHY）。

VGSH 追蹤彭博巴克萊 1 ～ 3 年美國國債指數（Bloomberg
Barclays U.S. Treasury 1-3 Year Bond Index）（按：巴克萊為一間
銀行，之所以前面冠上美國財經資訊管理業者彭博的名字，是因為
彭博買下了巴克萊銀行的指數編製業務），而 SHY 追蹤 ICE 1 ～

圖表 2-18　7 檔美國政府公債 ETF

中文	英文	代號	分類	總管理費用	殖利率（股息收益率）	
Vanguard **短期公債 ETF**	Vanguard Short-Term Treasury ETF	VGSH	美國短期公債	0.07%	2.29%	
iShares 1 ～ 3 年期 **美國公債 ETF**	iShares 1-3 Year Treasury Bond ETF	SHY		0.15%	2.10%	
Vanguard **中期公債 ETF**	Vanguard Intermediate-Term Treasury ETF	VGIT	美國中期公債	0.07%	2.23%	
iShares 3 ～ 7 年期 **美國公債 ETF**	iShares 3-7 Year Treasury Bond ETF	IEI		0.15%	2.05%	
iShares 7 ～ 10 年期 **美國公債 ETF**	iShares 7-10 Year Treasury Bond ETF	IEF		0.15%	2.14%	
Vanguard **長期公債 ETF**	Vanguard Long-Term Treasury ETF	VGLT	美國長期公債	0.07%	2.39%	
iShares 20 年期以上 **美國公債 ETF**	iShares 20+ Year Treasury Bond ETF	TLT		0.15%	2.24%	

3 年美國國債指數（ICE U.S. Treasury 1-3 Year Bond Index）（按：ICE 指的是洲際交易所集團，為美國網上期貨交易平臺）的投資表現，兩個指數都是由剩餘期限在 1 ～ 3 年之間的美國國債所組成。

　　VGSH 的總管理費用為 0.07％，SHY 則是 0.15％，以此來評估的話，VGSH 的成本較低；不過 SHY 在規模以及成交量上都較佳，我認為兩者都可以納入考慮。

	規模 （百萬美元）	成交量 （股）	年化標準差 （震盪程度）	平均 存續期間	平均 到期年數	平均 信用評級
	8,100	635,997	0.99%	1.9	2.0	AAA
	17,587	1,792,204	0.97%	1.88	1.9	AAA
	7,600	386,323	3.26%	5.13	5.7	AAA
	9,326	556,663	2.77%	4.47	4.8	AAA
	18,949	3,579,269	5.02%	7.56	8.5	AAA
	3,400	178,102	12.14%	16.89	25.4	AAA
	18,723	4,224,473	12.35%	17.03	25.5	AAA

　　中期公債部分，Vanguard 以及 iShares 的 ETF 成分就不太一樣，Vanguard 中期公債 ETF（VGIT）追蹤彭博巴克萊 3 ～ 10 年美國國債指數，指數由剩餘期限在 3 ～ 10 年之間的美國國債組成；而 iShares 3 ～ 7 年期美國公債 ETF（IEI）追蹤 ICE 3 ～ 7 年美國國債指數的投資表現，指數主要由剩餘期限在 3 ～ 7 年之間的美國國債組成。

iShares 7 ～ 10 年期美國公債 ETF（IEF）則追蹤 ICE 7 ～ 10年美國國債指數，總管理費用為 0.15％，幾乎由剩餘期限在 7 ～10 年之間的美國國債組成（見圖表 2-19，組成債券集中在 7 ～ 10年間）。雖然 VGIT 的平均到期年數和存續期間都略高於 IEI，不過殖利率也稍高一些。

長期公債部分，Vanguard 長期公債 ETF（VGLT）追蹤彭博巴克萊長期美國國債指數（Bloomberg Barclays U.S. Long Treasury Bond Index），總管理費用為 0.07％；iShares 20 年期以上美國公債 ETF（TLT）則追蹤 ICE 20 年以上美國國債指數，總管理費用比 VGLT 多，為 0.15％。

再看到圖表 2-19，可以看到短期公債 ETF 組成相當類似。中期公債部分，三者皆持有 7 ～ 10 年期的公債；長期債券部分，TLT 幾乎都集中在 20 ～ 30 年期。

就資產配置的角度評估，我建議你利用**短期公債 ETF 或是中期公債 ETF 作為防守部位**就好，因為長期公債 ETF 波動稍大，即使殖利率較高，但穩定的功能並不如短期、中期公債 ETF 的效果來得好。

最後看看圖表 2-20，你更能深刻體會到，為什麼該把公債納入你的組合當中——在最近一次股市下跌（2008 年金融危機）中，當年股票 ETF 的報酬都為負值，美國政府公債 ETF 卻逆勢上漲多呈正數。

圖表 2-19　美國政府公債 ETF 的組成

到期年數／組成	VGSH	SHY	VGIT	IEI	IEF	VGLT	TLT
1～3 年	97.64%	99.97%	0.18%	5.97%	-	-	-
3～5 年	1.52%	-	45.47%	51.01%	-	-	-
5～7 年	-	-	32.06%	42.91%	-	-	-
7～10 年	-	-	22%	0.11%	99.66%	-	-
10～15 年	-	-	-	-	0.33%	2.38%	-
15～20 年	-	-	-	-	-	5.05%	1.12%
20～30 年	-	-	-	-	-	92.57%	98.88%
超過 30 年	-	-	-	-	-	-	-

圖表 2-20　美國政府公債 ETF 的歷史報酬

代號／年度	VGSH	SHY	VGIT	IEI	IEF	VGLT	TLT
2008	-	6.64%	-	13.11%	18.03%	-	33.76%
2009	-	0.53%	-	-1.85%	-6.37%	-	-21.53%
2010	2.24%	2.23%	6.94%	6.54%	9.29%	9.36%	9.25%
2011	1.45%	1.43%	9.72%	8.10%	15.46%	28.85%	33.60%
2012	0.43%	0.31%	2.63%	2.09%	4.06%	3.49%	3.25%
2013	0.26%	0.23%	-2.73%	-1.95%	-6.12%	-12.73%	-13.91%
2014	0.53%	0.48%	4.23%	3.14%	8.92%	25.05%	27.35%
2015	0.51%	0.43%	1.63%	1.67%	1.55%	-1.36%	-1.65%
2016	0.77%	0.75%	1.12%	1.22%	1.00%	1.33%	1.36%
2017	0.38%	0.27%	1.59%	1.19%	2.47%	8.66%	8.92%
2018	1.48%	1.45%	1.31%	1.36%	0.82%	-1.64%	-2.07%

怕風險又想賺高利息，投資美國綜合債券 ETF

想要投資保守穩健的美國公債，又想要投資配息較高的公司債嗎？利用美國綜合債券 ETF 就能同時投資兩者（詳見圖表 2-21）！

Vanguard 總體債券市場 ETF（BND）與 iShares 美國核心綜合債券 ETF（AGG）兩個綜合債券 ETF，追蹤的都是彭博巴克萊美國綜合浮動基準指數（Bloomberg Barclays U.S. Aggregate Float Adjusted Index），前者成立於 2007 年 4 月 3 日，後者則是成立於 2003 年 9 月 22 日。

BND 以及 AGG 可以讓你用極低的成本，一次買進大量的美國投資級債券，主要為美國公債、投資級公司債、美元計價的國際

圖表 2-21　4 檔美國綜合債券 ETF

中文	英文	代號	分類	總管理費用	殖利率（股息收益率）	
Vanguard 總體債券市場 **ETF**	Vanguard Total Bond Market ETF	BND	美國綜合債券	0.035%	2.73%	
iShares 美國核心 綜合債券 **ETF**	iShares Core U.S. Aggregate Bond ETF	AGG		0.06%	2.71%	
Vanguard 總體國際債券 **ETF**	Vanguard Total International Bond ETF	BNDX		0.09%	2.87%	
Vanguard 全世界債券 **ETF**	Vanguard Total World Bond ETF	BNDW		0.09%	2.80%	

債券，以及到期年限在 1 年以上的債券。BND 每年收費 0.035%，
AGG 則是 0.06%，收費上 BND 較低廉，但規模與流動性上 AGG
較佳；BND 平均的存續期間較長，風險會略高於 AGG。

　　從債券持有的涵蓋性來看，BND 會比 AGG 好，BND 總共持
有 1 萬 7,333 支債券，對比 AGG 僅有 7,255 支，**BND 能夠替你買
齊更多指數成分的證券，更能反映美國投資級債券市場的變動。**

　　至於 Vanguard 總體國際債券 ETF（BNDX），則成立於 2013
年 5 月 31 日，追蹤的指數是 Bloomberg Barclays Global Aggregate
ex-USD Float Adjusted RIC Capped Index（USD Hedged）（按：
該指數囊括了全球各政府、政府機構與公司所發行的非美元計價
投資級債券），名字長到不行，不過我們看看最後面的「USD

	規模 （百萬美元）	成交量 （股）	年化標準差 （震盪程度）	平均 存續期間	平均 到期年數	平均 信用評級
	245,500	3,207,431	2.94%	6.24	8.6	AA
	66,223	4,392,682	3.24%	5.91	8.2	AA
	140,400	1,557,590	2.82%	7.58	9.3	A
	204	101,012	2.74%	6.93	9.0	A

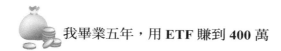

Hedged」，即可知道該指數採用匯率避險策略來防範匯率的不確定性，**降低非美元貨幣與美元間匯率變動對債券報酬的影響**，因此不會有分散持有各主要貨幣的效果。

BNDX 的債券組成集中在歐洲和亞太地區，分別是：歐洲 56.8％、亞太 26.9％、北美 8.8％、新興市場 3.5％、其他 3.7％、中東 0.3％，持有投資級國際政府公債、機構債，以及公司債的 ETF。

把投資美國整體債券的 BND 和投資除美整體債券的 BNDX 合起來，就成了 Vanguard 全世界債券 ETF（BNDW），投資全球債券。此 ETF 成立於 2018 年 9 月 4 日，比其他 3 支 ETF 晚很多。

BNDW 投資全球投資級債券市場，追蹤指數為彭博巴克萊全球浮動匯率綜合指數（Bloomberg Barclays Global Aggregate Float Adjusted Composite Index），總管理費用為 0.09％。

另外，BNDW 採用獨特的「ETF 持有 ETF」結構，同時持有全球短、中、長期的債券（見圖表 2-22），能替投資組合帶來足夠分散的現金流。

在持股比例上，BNDW 持有 48％的 BND，另外 52％則為 BNDX，投資區域以歐美為主，前幾大市場有美國、日本、德國、法國、英國、義大利、西班牙、荷蘭。

BNDW ＝ 48% BND ＋ 52% BNDX

圖表 2-22　美國綜合債券 ETF 的組成

到期年數 組成	BND	AGG	BNDX	BNDW
1～3 年	22.67%	20.41%	19.96%	21.35%
3～5 年	15.57%	16.45%	19.56%	17.45%
5～7 年	11.11%	8.70%	12.45%	11.57%
7～10 年	9.95%	9.74%	17.37%	13.71%
10～15 年	3.51%	4.26%	8.87%	6.28%
15～20 年	3.75%	2.77%	8.13%	5.99%
20～30 年	30.94%	35.72%	9.91%	20.34%
超過 30 年	2.20%	1.22%	3.44%	2.37%

圖表 2-23　美國綜合債券 ETF 的歷史報酬

年度 ＼ 代號	BND	AGG	BNDX	BNDW
2008	5.18%	5.88%	-	-
2009	6.03%	5.14%	-	-
2010	6.51%	6.30%	-	-
2011	7.71%	7.58%	-	-
2012	4.04%	4.04%	-	-
2013	-2.14%	-2.15%	-	-
2014	5.96%	6.04%	8.83%	-
2015	0.39%	0.48%	1.08%	-
2016	2.57%	2.56%	4.67%	-
2017	3.62%	3.53%	2.40%	-
2018	-0.04%	-0.05%	2.94%	-

雖然 BNDX 可以讓你一次持有全球的政府債以及公司債，不過要注意的是，**BNDX 在信用評級的風險會比純公債來得高。**

上頁圖表 2-23 是綜合債券 ETF 歷年的報酬，你可以發現報酬率雖然沒有股市那麼有爆發力，會讓你一次賺很多，但相對的在下跌的幅度也不會很大，這 10 年間你不會看到一年暴跌 10%、20% 的情況，這在市場不好的時候，是非常好的定心丸。其中 BNDX 以及 BNDW 因為成立較晚，因此歷史資料較少。

降低單一市場風險，買國際政府公債 ETF

全球投資等級的債券市場（即國際政府公債 ETF，詳見圖表 2-24），可以讓你接觸到更多市場。

圖表 2-24　2 檔國際政府公債 ETF

中文	英文	代號	分類	總管理費用	殖利率（股息收益率）	
SPDR 彭博巴克萊國際政府債券 ETF	SPDR Bloomberg Barclays International Treasury Bond ETF	BWX	國際政府公債	0.35%	1.18%	
iShares 國際政府債券 ETF	iShares International Treasury Bond ETF	IGOV		0.35%	0.30%	

根據 Vanguard 研究，全球配置債券可以降低單一市場的特殊風險因素，並減低單一市場可能面臨的利率、通膨、景氣循環等市場風險；理論上，債券組合的多元性能在不損害總報酬的情形下，降低投資組合的波動。

SPDR 彭博巴克萊國際政府債券 ETF（BWX）成立於 2007 年 10 月 2 日，是投資國際政府債券的 ETF，總管理費用為 0.35%；追蹤彭博巴克萊全球公債除美指數（Bloomberg Barclays Global Treasury Ex-US Capped Index），指數包含當地貨幣計價的美國以外投資級政府公債。

另一個投資國際政府公債的選擇是 iShares 發行的 iShares 國際政府債券 ETF（IGOV），成立於 2009 年 1 月 21 日。

此 ETF 的追蹤指數為標普花旗國際政府債券美國除外指數

規模 （百萬美元）	成交量 （股）	年化標準差 （震盪程度）	平均 存續期間	平均 到期年數	平均 信用評級
1,041	161,822	5.08%	8.15	9.9	A
903	115,788	5.31%	8.31	10.1	A

（S&P/Citigroup International Treasury Bond Index Ex-US），至
於總管理費用，則與 BWX 一樣是 0.35％。

雖然 BWX 和 IGOV 的組成很類似（見圖表 2-25，各區間到
期年數的比例都差不多），但前者持有債券數量為 923 支，後者
則為 690 支。

從持有債券的數量以及規模來看，BWX 是比較好的選擇；不
過以波動性來看的話，IGOV 又比 BWX 來得穩定一些（見圖表
2-26）。

圖表 2-25　國際政府公債 ETF 的組成

到期年數組成	BWX	IGOV
1～3 年	19.54%	17.25%
3～5 年	17.69%	17.04%
5～7 年	11.12%	11.56%
7～10 年	18.35%	16.91%
10～15 年	9.84%	10.76%
15～20 年	8.25%	9.03%
20～30 年	11.94%	13.33%
超過 30 年	3.04%	3.30%

圖表 2-26　國際政府公債 ETF 的歷史報酬

年度＼代號	BWX	IGOV
2008	4.41%	未成立
2009	6.51%	5.93%
2010	4.13%	1.23%
2011	3.60%	-0.27%
2012	5.85%	7.4%
2013	-3.66%	-1.56%
2014	-2.49%	-2.43%
2015	-6.99%	-6.89%
2016	1.03%	1.23%
2017	10.15%	10.95%
2018	-2.26%	-2.68%

有些債券 ETF「我不建議」──高收益債 ETF

我們之所以要分散投資，目的是集合不同標的的優點：投資股票是為了資產成長機會（但是波動大），投資債券則是為了安全性（但是成長有限），利用股債組合可以彌補彼此的缺點，拿到兩者的優點。

你可能會覺得，只要做好股債分配，那麼長期投資應該都能獲利吧？難不成會有毫無優點的投資標的嗎？還真的有！

這種標的既不提供股票增長，也不提供債券的安全性——它就是高收益債 ETF（詳見圖表 2-27）。高收益債只是「看起來很好的投資」，其實它的波動比政府公債更大，替投資組合帶來的**防禦力低很多**，攻擊力也比股票小，而且信用評級甚低，英文直接用 Junk Bond 來形容，中文直譯為「垃圾債券」。

自 1983 年 7 月以來，彭博巴克萊美國企業高收益債指數（Bloomberg Barclays U.S. Corporate High Yield Bond Index）的波動，是彭博巴克萊美國綜合債券指數（Bloomberg Barclays U.S.

圖表 2-27　4 檔高收益債 ETF（我並不建議）

中文	英文	代號	分類	總管理費用	殖利率（股息收益率）
iShares 0 ～ 5 年高收益公司債券 ETF	iShares 0-5 Year High Yield Corporate Bond ETF	SHYG	高收益債	0.30%	5.48%
iShares iBoxx 高收益公司債券 ETF	iShares iBoxx $ High Yield Corporate Bond ETF	HYG		0.49%	5.17%
SPDR 彭博巴克萊短期高收益債券 ETF	SPDR Bloomberg Barclays Short Term High Yield Bond ETF	SJNK		0.40%	5.72%
SPDR 彭博巴克萊高收益債 ETF	SPDR Bloomberg Barclays High Yield Bond ETF	JNK		0.40%	5.54%

Aggregate Bond Index）的 2 倍，但其帶來的報酬，每年又落後標準普爾 500 指數 2.1%。（見下頁圖表 2-28）

綜合以上兩點，我並「**不建議**」將高收益債納入投資組合。

那麼，為什麼大家會喜歡高收益債？因為自 2008 年金融危機以來，聯準會（聯邦準備理事會〔 The Federal Reserve Board of Governors 〕，簡寫為 The Fed，是美國中央銀行體系的主管機關）的**低利率政策**使大家為了更高的殖利率，而追逐這些垃圾債券。

所幸，目前正處於有史以來最長的經濟擴張時期，這些債券的違約率才得以保持在較低水平，垃圾債券的價格才能保持穩定。

如果經濟繼續增長，聯準會最終將恢復（提高）短期利率，進

規模 （百萬美元）	成交量 （股）	年化標準差 （震盪程度）	平均 存續期間	平均 到期年數	平均 信用評級
3,419	259,114	5.05%	2.43	2.8	B
19,112	11,814,898	5.45%	3.78	4.9	B
3,189	976,915	4.66%	2.44	3.34	B
10,493	3,474,511	5.99%	4.16	6.03	B

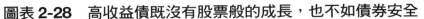

圖表 2-28　高收益債既沒有股票般的成長，也不如債券安全

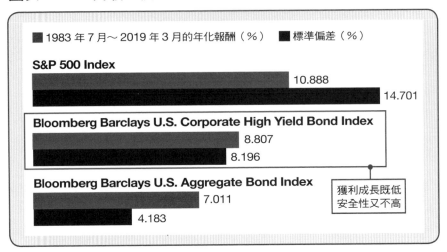

資料來源：《華盛頓郵報》（*The Washington Post*）網站。

一步擠壓高收益債與政府公債之間的收益差距，投資者將拋售高收益債；相反的，如果經濟陷入困境，高收益債的違約率將飆升，價格便隨之下跌。

　　投資的報酬包含資本利得以及利息收入，高收益帶來的高殖利率並不等於較高的資產成長，如果你追求的是資本累積，那麼建議使用基本的股債搭配就好；如果非要使用高收益債，你得知道這類型的波動會比公債高，收益卻不見得比股票好，只是**會得到看起來比較高的「現金流」（每月配息）**。

　　請記住，不要刻意追求現金流，因為現金流是可以被製造出來的，只要透過定期賣掉資產就能產生。

我的債券 ETF 投資順序，PG 推薦你 7 檔

即使投資債券 ETF 的風險比股票 ETF 小很多，但不同種類的債券 ETF，風險程度也有高有低。

例如，同樣是債券 ETF，依照**到期長短**可分為短期、中期、長期債券；依照**債券發行人**又可以分成政府公債 ETF 以及公司債 ETF。新興市場主權債雖然也是投資公債，但風險比已開發國家的公債來得更高。

債券 ETF 並非一定要選擇風險最低的，我們要了解，投資是因為承擔較高的風險，所以有機會得到較高的報酬，我們反而可以**視自己風險承受度，選擇「風險適中」的標的**。

而且除了投報率以外，也別忘了注意債券的存續期間，評估債券對利率的敏感度。

不過，債券存續期不能作為投資債券型基金時的唯一考量，還要考量債券信用評級、債券類型、總管理費用等事項。我建議優先配置美國政府公債 ETF（見下頁圖表 2-29），接著是信用評級高的其他政府公債，如此鞏固基本盤之後，再來考慮是否將公司債券納入投資組合。

債券型 ETF 投資順序：
美國政府公債→信用評級高的其他政府公債→公司債券

圖表 2-29　債券 ETF 推薦

分類	名稱	代號
美國短期公債 ETF	Vanguard 短期公債 ETF	VGSH
	iShares 1 ～ 3 年期美國公債 ETF	SHY
美國中期公債 ETF	Vanguard 中期公債 ETF	VGIT
	iShares 3 ～ 7 年期美國公債 ETF	IEI
	iShares 7 ～ 10 年期美國公債 ETF	IEF
美國長期公債 ETF	Vanguard 長期公債 ETF	VGLT
	iShares 20 年期以上美國公債 ETF	TLT

3

房地產 ETF：
成為全世界的包租公／婆

　　提到投資房子，你可能會認為需要大筆資金，如果沒有足夠的資金，怎麼在投資組合中配置房地產？這裡我要介紹一種工具，叫做不動產投資信託（Real Estate Investment Trust，簡稱 REIT，常用複數型 REITs 表示）ETF，也就是房地產 ETF。

　　簡單來說，股票型基金是把大家的錢聚集起來去買股票，而不動產投資信託，就是把大家的錢聚集起來去投資房產項目，**依據出多少錢來決定你可以占有多大比例。**

加強多元報酬，坐領分紅現金流

　　投資 REITs 的好處有三：

　　1. 足夠分散。

　　2. 穩定的租金收益。

　　3. 流動性強、轉手快。

　　你投資 REITs，可以持有各種地方、不同種類的物業，相當於**在房地產上做一個多元分散的投資組合。一般來說，我們只會買自**

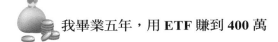

住型房產，頂多出租給別人或者是買地；而 REITs 還會持有像醫院、購物中心、酒店、廠房、倉庫這類一般人很難入主的物業，讓你獲得更多元的報酬，尤其是租金方面的收入。

租金是 REITs 的另外一個優點，由於房產投資的特殊性，很多國家的法律都規定，**REITs 每年盈利的 90%要強制分紅給投資者，且另有稅收上的優惠。**也就是說，投資 REITs 還可以期待比較穩定的分紅現金流。

流動性是 REITs 最後一個優勢。我們都知道，賣一套房快的話要兩、三個月，慢的話一、兩年都有可能，但是房地產信託投資基金隨時都可以買進賣出，就和買股票、基金一樣。

同樣是流動性強，但 REITs 的漲跌和股票、債券相關性較低，而我們建構投資組合的目的，就是為了在一個資產大跌的時候，還

圖表 2-30　3 檔房地產 ETF

中文	英文	代號	分類	總管理費用	殖利率（股息收益率）	
Vanguard 房地產 ETF	Vanguard Real Estate ETF	VNQ	房地產	0.12%	3.13%	
Vanguard 全球 不含美國房地產 ETF	Vanguard Global ex-US Real Estate ETF	VNQI		0.12%	3.63%	
iShares 全球不動產 投資信託 ETF	iShares Global REIT ETF	REET		0.14%	3.68%	

有其他資產可能上漲。所以，把和股票、債券相關性較低的 REITs
放入投資組合裡，也是很多聰明投資人的選擇。

在 2017 年的一篇論文中，幾位學者統計了全球主要發達國家
房產的長期收益率，包含房子升值和房租收入。經過計算，不排除
通膨因素的話，房產收益率基本在 8% ～ 10%，這個數值和股票
是比較類似的。從波動和最大跌幅來看，房產和股票也很相近，不
過房產的收益率會再稍高一些。

綜上所述可以知道，小資族買不起房沒關係，還是能將房地產
ETF 納入投資組合，而且交易成本跟門檻更低，不用存到幾百萬
也能投資房地產，若是投資涵蓋範圍夠大且遍及全球，形同向全世
界收取租金！

想投資 Vanguard 的房地產 ETF（詳見圖表 2-30）的話，可選

	規模 （百萬美元）	成交量 （股）	持股數量	年化標準差 （震盪程度）	簡介
	70,600	4,858,491	188	12.31%	投資美國的不動產投資信託
	6,800	205,718	590	9.81%	投資香港、日本、澳洲、英國、德國、新加坡、法國、荷蘭、加拿大、瑞典等地房地產
	1,844	221,322	283	12.74%	持有美國、日本、澳洲、英國、法國、加拿大、新加坡、香港、南非、比利時等地房地產

Vanguard 房地產 ETF（VNQ）搭配 Vanguard 全球不含美國房地產 ETF（VNQI），這兩支不動產投資信託 ETF 結合起來，可以讓我們參與全球的房市成長，變成全世界的包租公／婆。

VNQ 追蹤的是 MSCI 美國可投資市場房地產指數（MSCI US Investable Market Real Estate 25/50 Transition Index），總管理費用為 0.12％；VNQI 追蹤標普全球除美不動產指數（S&P Global ex-U.S. Property Index），總管理費用也是 0.12％。

圖表 2-31 房地產 ETF 的持股分布

	VNQ	VNQI	REET
商業房地產投資信託	40.75%	48.21%	55.25%
專業房地產投資信託基金	33.52%	29.09%	19.33%
住宅房地產投資信託	12.66%	4.05%	13.91%
房地產服務	2.75%	3.05%	-
企業金融服務	2.02%	2.45%	-
廣告與營銷	0.90%	2.06%	-
房地產開發和運營	0.65%	0.32%	1.67%
多元化的 REIT	0.17%	0.29%	2.99%
陸運和物流	0.03%	0.19%	-
釣魚與農業	0.02%	0.18%	-

註：其中有少部分是現金，數字會持續變動，所以相加不會剛好 100%。

　　若希望只用一檔 ETF 的話，可以選 iShares 全球不動產投資信
託 ETF（REET）投資全球房地產；REET 追蹤富時歐洲／美國不
動產協會全球房地產投資信託指數（FTSE EPRA/NAREIT Global
REIT Index），總管理費用為 0.14％。

　　3 支房地產 ETF 持股分布請見上頁圖表 2-31，而透過圖表 2-32
的歷史報酬，你可以看出房地產 ETF 的報酬其實相當不錯。

圖表 2-32　房地產 ETF 的歷史報酬

年度 ＼ 代號	VNQ	VNQI	REET
2009	29.76%	未成立	未成立
2010	28.44%	剛成立	未成立
2011	8.62%	-16.56%	未成立
2012	17.67%	41.59%	未成立
2013	2.42%	3.34%	未成立
2014	30.29%	2.64%	剛成立
2015	2.37%	-1.33%	0.24%
2016	8.53%	1.76%	6.19%
2017	4.95%	26.52%	7.58%
2018	-5.95%	-9.48%	-4.89%

我推薦的 2 檔房地產 ETF

REIT 是將不動產證券化來募集資金，以獲得不動產投資標的所有權；而證券的主要收入來源就是租金，這意味著你不用準備幾百萬元頭期款，只要買進 REITs ETF，一樣可以擁有房地產、領取固定收益，變成包租公或包租婆。

REIT 起源於 1960 年的美國，主要是藉著把不動產證券化，讓許多投資人一起集資參與。

這種投資方式的優點是，即使投資人沒有龐大資本，也能參與不動產市場，獲得不動產市場交易、租金與增值所帶來的獲利，同時**又不需要實質持有不動產標的，也不用負責管理物業**，並可在證券市場交易，因此市場流通性優於不動產。

由於主要收入來自租金，REITs ETF 的收益較為穩定，而信託也必須分配絕大部分的盈餘，因此這類型的 ETF 殖利率會高於市面上股票的平均殖利率（注意！殖利率高不代表總報酬就高）。

若是以費用和規模來看的話，以下兩者都是很不錯的標的（見圖表 2-33）。

需要注意的是，假如我們已經利用 ETF 投資一個廣泛分散市場，這部分 ETF 本身即會投資到房地產公司，所以額外投資 REITs ETF 時要注意比例上的配置，以免重複曝險。

以投資美股的 Vanguard 整體股市 ETF（VTI）來說，VTI 本身 4% 的資產就投資於房地產，如果投資 100 萬至全球股市，事實上就相當於投資 4 萬到房地產上。

　　投資全球的 Vanguard 全世界股票 ETF（VT）時，本身有 4%
也投資於房地產，跟 VTI 一樣，如果投資 100 萬於全球股市，事
實上就相當於把其中 4 萬投資到房地產上。

圖表 2-33　房地產 ETF 推薦

分類	名稱	代號
房地產 ETF	Vanguard 房地產 ETF	VNQ
	Vanguard 全球不含美國房地產 ETF	VNQI

第三章

從開戶到下單，
各種流程全圖解！

1

手把手教你，
線上開立台股證券戶

　　想投資台股 ETF，要先到證券商開立證券戶，至於要開哪間帳戶，是每個投資人一開始都會有的問題。

　　投資金額比較少的朋友，可以選擇新光金控的「元富證券」，或是有台股定期定額方案的券商，如富邦、永豐金或元大證券；選擇富邦、永豐金的優勢在於，同時可以有較優惠的複委託方案（透過特定營業員的簽核送審，最低可以將費用降低至可負擔價位）。

　　如果你尚未到元富證券開戶，可以到元富證券的官網選擇「線上開戶」，或是「網路預約開戶」填寫基本資料（下面會一步步教學），後者將由專人服務開戶。完成開戶之後，記得開立電子交易戶、開啟定期定額買零股理財平臺，每月定期定額 1,000 元起。

　　如果你是元富證券舊客戶，但尚未開立電子交易戶，請攜帶身分證及開戶印章，至原開戶分公司填寫「電子交易委託同意書」開立「電子交易帳戶」。

　　開戶前請先準備好幾樣東西在身邊：

　　1. 開戶本人須年滿 20 歲。

　　2. 有網路的智慧型手機，鏡頭功能要正常，因為之後要視訊。

3. 國民身分證。

4. 能證明身分的第二證件，建議用健保卡。

5. 空白白紙，我們要在上面簽名或蓋印章。

6. 交割銀行帳號，這是要扣錢買 ETF 的帳號，請先確認你開立帳戶的銀行，有配合元富證券（可以點選元富證券官網最底下的「服務據點」查詢）。

元富證券開戶流程

1▶ 到元富證券的官方網站後，點選「線上開戶」。

右邊就是「網路預約開戶」

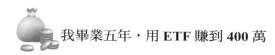

2 首次開戶請點選「全新戶證券專區」。

3 點選完「全新戶證券專區」，會看到簡易步驟的說明。

掃描 QR code，或手機搜尋 App「元富證券 開戶 Easy Go」都可以

4 在 **App** 中填寫資料，節能減碳愛地球。

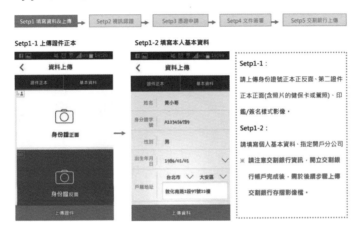

5 與服務人員進行視訊認證。

　　線上開戶視訊時間為台股交易日早上 9 點至下午 4 點，若預約視訊時間，但超過時間卻沒有視訊的話，請再重新預約，或採用即時視訊。

6 申請 **15** 天的短期憑證，線上簽署開戶文件。

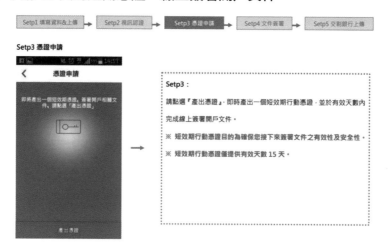

7 文件簽署完畢，會產出證券卡片。

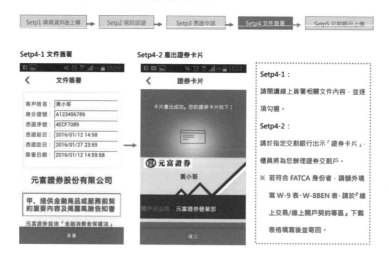

8 ▶ 交割銀行帳戶上傳。

　　請上傳有配合的帳戶唷！想知道自己的帳戶有沒有配合，可以至官網最底下的「服務據點」查詢（如最底下圖）。如果你手邊沒有能夠配合的交割帳戶，還是得攜帶雙證件親自跑一趟臨櫃開戶。

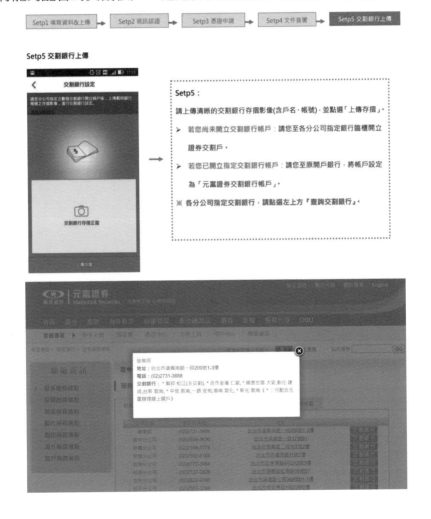

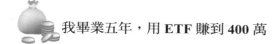

9 申請完成！公司處理中，之後專人會與你聯繫。

公司人員進行開戶審核作業，之後會有專人通知完成證券開戶作業，並以掛號方式，將電子密碼條及集保存摺，郵寄至開戶時留存的通訊地址。

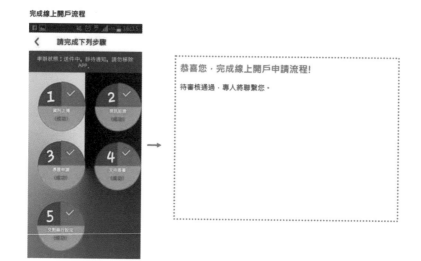

2

不出國也能投資海外：
複委託，怎麼開戶、下單？

你以為要買美股就要坐飛機到國外買嗎？現在不用囉！利用複委託（Sub-brokerage），你可以利用以下兩種管道，來購買國外掛牌交易的 ETF（通常為美國 ETF）：

1. 透過國內券商複委託下單。
2. 透過海外券商直接下單。

常見的國內券商有富邦、永豐金、國泰證券等，既然是國內券商，自然是以我們熟悉的中文為我們服務，也可以用 LINE 向業務員詢問基本的問題。

常見的海外券商包括：嘉信理財集團（Charles Schwab）、第一證券（Firstrade）、盈透證券（Interactive Brokers）、史考特證券（Scottrade）、德美利證券（TD Ameritrade）。

有些海外券商有提供中文服務，例如第一證券；有些則只有提供英文服務，例如德美利證券，想更了解海外券商及投資辦法，請見本章第三節。

我個人是使用永豐金以及富邦的複委託，海外券商則是德美利證券。每個券商都各有好壞，我建議你可以就近選擇服務方便、自

己喜歡的券商就行了。

複委託的「複」從何處來？

複委託，正式名稱為「受託買賣外國有價證券業務」，由《證券商「受託買賣外國有價證券」管理規則》管理。

簡單來說，複委託是你委託國內證券商，幫你向國外券商掛單買賣國外股票；做這個動作前，我們要先開立複委託帳戶，再用這個帳戶來買賣外國股票。

國內券商接受我們的委託單後，會再向國外券商下單，從這裡你可以知道委託單經過國內及國外券商（見圖表 3-1），屬於雙重的委託下單，因而稱作「複委託」。

圖表 3-1　委託單先後經過國內外券商，故稱複委託

投資人　　　　　國內券商　　　　　海外券商

可以投資什麼？

簡單來講，善用複委託，投資人就可以在臺灣買到國外的股票或是 ETF，以美股為例，就不需要親自到美國開戶。

複委託除了可以買到美國交易所掛牌的 ETF、個股之外，甚至可以買到公司債、債券等，非常方便。既然我們的投資方式是以 ETF 為主，那麼能購買海外 ETF 即可。

如何開戶？

和開股票戶頭一樣，基本上還是需要你親自跑一趟，開戶時記得攜帶以下文件：

1. 身分證，或外僑居留證，或護照。
2. 第二身分證件（如健保卡、駕照、護照、戶籍謄本）。
3. 銀行存摺正面影本。
4. 印章。

就我的經驗，如果你已經在網路上找好配合的營業員，業務會請你到就近的營業據點提交並簽署文件資料，同時請你轉知服務人員，要在指定的分公司開戶。

如果你是就近前往開戶，務必要極力爭取到接近我先前的手續費費率（0.2% 或 0.3%），千萬不要按照牌價 1% 就開戶唷！

到了這裡，你已經完成前進美股的基本手續，剩下的就是把錢轉入開戶帳號、下單購買囉！如果有疑問，記得詢問證券端，這樣才可以得到最即時的服務。

下單交易流程

下單日晚上 8 點前，須把錢存入交割銀行帳戶，這樣當晚交易時間才能進行複委託。接下來，我以投資美股作為下單範例。

例如以手機 App 下單的話，你必須選取的欄位有這些：

● 投資市場。

既然是想投資美股，那市場就選「美國」。

● ETF 代碼。

舉例來說，打上 VT，就代表 Vanguard Total World Stock ETF（Vanguard 全世界股票 ETF）。

● 買賣。

是要買入 ETF 還是賣出 ETF，這一點務必選對！

● 價格。

設定買入賣出的價格。通常你可以參考目前的成交價再加一點點，例如增加 0.01 元，這樣可以加快成交速度。

● 股數。

選擇要買多少股。美股的交易單位是「股」，不同於臺灣以「張」為單位。

● **委託單種類。**

選 ANY 或是 AON 都可以。下頁圖表 3-2 為我的委託範例（使用「富邦 e 點通」App），各位可參考並依照自己的狀況來下單。

記得，要先把本金存到帳戶內以供交割，而且交易時的手續費，系統設定會先扣除 100 美元，之後再退還給你。假設我這次透過永豐金下單，手續費共是 11.99 美元，雖然對帳單系統會顯示手續費 100 美元，但過幾個工作天之後，系統會以 100 美元減去 11.99 美元，退還 88.01 美元。

● PG 入門筆記

委託單的交易限制有兩種：

1. 部分成交有效單（ANY）。

分批成交，通常未說明交易限制者視為可接受分批成交。會出現分批成交，是因為有時一天只有部分成交，系統會在隔天繼續送出未成交數量的委託；由於不是一次成交，故稱分批成交。你下單一次手續費就只收一次，分批成交不會多收費。

2. 全部成交有效單（AON，All Or None）。

指客戶所下的交易指示，必須整批買進或賣出，不接受分批成交。AON 下單模式委託不得低於 100 股，且整批委託單僅適用於美國股票市場，香港股票市場則無。

圖表 3-2 複委託下單

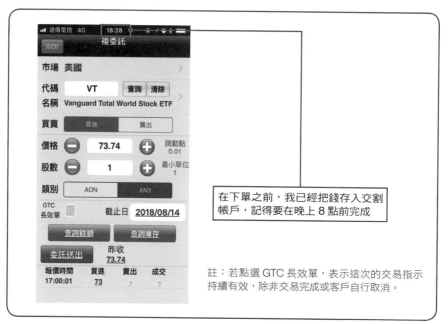

在下單之前，我已經把錢存入交割帳戶，記得要在晚上 8 點前完成

註：若點選 GTC 長效單，表示這次的交易指示持續有效，除非交易完成或客戶自行取消。

複委託相關 Q & A

Q：什麼是複委託契約？

A：是指證券商與複受託證券商間，就外國有價證券複委託、複受託買賣事宜簽訂之契約。

Q：利用複委託賣出 ETF、股票，實拿的錢如何算？

A：到手的錢＝賣出股款－手續費－相關費用。

賣掉股票跟買股票一樣，必須支付手續費及相關費用，所以股款扣除這些費用，剩餘的才是我們可以拿到的金額。

Q：把股票賣掉，什麼時候才可以拿到錢？

A：4 天後才能拿到錢。

因為**美股交割日是「成交日當天＋3 天」**，所以賣出美股後，要等到第 4 天，股款才會轉入交割銀行帳戶。

Q：臺灣複委託的法律依據有什麼？

A：分別為《證券交易法》、《證券商「受託買賣外國有價證券」管理規則》、《中華民國證券商業同業公會證券商「受託買賣外國有價證券」作業辦法》等三種。

《證券交易法》第 44 條第 4 項為：「證券商及其分支機構之設立條件、經營業務種類、申請程序、應檢附書件等事項之設置標準與其財務、業務及其他應遵行事項之規則，由主管機關定之。」

因此有了《證券商「受託買賣外國有價證券」管理規則》，管理規則第 1 條開宗明義：「本規則依《證券交易法》第 44 條第 4 項規定訂定之。」

而《中華民國證券商業同業公會證券商「受託買賣外國有價證券」作業辦法》中的第 1 條也相同：「本作業辦法依《證券商『受託買賣外國有價證券』管理規則》第 5 條第 6 項規定訂定之。」

3

不懂英文怎麼辦？
第一證券有中文客服能幫你

　　一般來說，海外投資的券商通常都會限於美股，而選擇海外券商時，不是只挑最便宜、最方便，應該選擇有保障的券商；為了保障資產安全，務必選擇同時是美國金融業監管機構（Financial Industry Regulatory Authority，FINRA）及美國證券投資保障公司（Securities Investor Protection Corporation，SIPC）成員的券商。

　　FINRA 是一個由美國國會授權的非營利機構，負責監督其約 4,250 家證券公司成員的運作，最終目的是希望保護投資者，確保證券業的運作公平及誠實。

　　SIPC 是國會成立的非營利機構，成員為證券行業公司，若任何一個成員倒閉，SIPC 會提供該公司每個客戶最高 50 萬美元的保險，其中包含 25 萬美元現金。

　　通常在券商官網下方都能看到公司的聲明，表示該公司是 FINRA ／ SIPC 的成員。

　　如今，因為多家券商的競爭，近幾年下單手續費持續調降，第一證券甚至推出免手續費的服務。關於國內外券商的手續費以及優缺點，大家可以參閱下兩頁我整理的圖表 3-3、3-4。

　　簡單來說，經過對比，第一證券有三項優勢：

1. 中文介面。

2. 美股、ETF 交易免手續費。

3. 24 小時電話、視訊即時線上中文客服。

圖表 3-3 國外券商比較

管道	海外券商			
券商	盈透證券	德美利證券	嘉信理財	第一證券
適合對象	● 頻繁交易投資人 ● 需要交易各國標的者	本金小	需要跨國 提款者	本金小
美股 交易成本	以股數計算,一股 0.005 美元,最低收取 1 美元, 最高收取交易金額 1%	免手續費		
優點	共同優點:交易成本低			
優點	● 有中文線上客服 ● 交易標的最多	有中文 線上客服	有現金卡,投 資人可跨國在 全球 ATM 提款	有中文 線上客服
缺點	本金小要付帳戶維持費	中文介面 不完善	開戶較麻煩	資金匯回手 續費高達 50 美元(其他間 是 25 美元)
開戶 資金門檻	10 萬美元免帳戶管理費	無	2.5 萬美元(約 新臺幣 77 萬元)	無
開戶難易度	高	中	中,但流程漫長	簡易
開戶方式	線上開戶			

圖表 3-4　國內券商比較

管道	複委託			
券商	富邦證券	永豐金證券	玉山證券	大昌證券
適合對象	● 長期持有投資人 ● 對海外投資有疑慮者 ● 希望有業務員服務者			
美股交易成本	美股 0.15%， 低消 20 美元	美股 0.2%， 低消 20 美元	美股 0.2%， 低消 20 美元	美股 0.15%， 低消 15 美元
優點	共同優點：中文服務、國內實體據點			
優點	● 配息入帳快 ● 可以使用新 　臺幣交割		換匯匯率較佳	手續費 牌價透明
缺點	● 手續費牌價高，需要談優惠 ● 手續費採百分比加低消計算			
開戶資金門檻	無			
開戶難易度	簡易			
開戶方式	線上開戶、臨櫃申請			

　　如果你想嘗試投資海外，那麼得先辦一個海外證券戶，我以第一證券來示範。

　　開戶前我們先準備好這些工具：

　　1. 護照正本（國際身分驗證文件，須先將照片頁以及簽名頁

拍照）。

2. 有網路的電腦、平板電腦或手機（線上開戶須上傳護照及數位簽名）。

接下來就可以至第一證券的官網準備開戶。

1 登入第一證券首頁，點「立即開戶」。

2 以非美公民資格申請開戶。

用英文填入姓名和信箱後，選擇「非美國公民的開戶頁面」，依據國籍身分進行開戶。

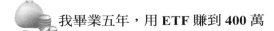
3 ▶ **輸入手機號碼，取得驗證碼。**

　　填入你的手機號碼，
假設手機號碼為 0912-456-
789，不需要填最前面的 0，
只要填入 912456789，再點
擊後方「獲取驗證碼」。

　　手機收到認證簡訊後，
先輸入驗證碼，再按下「開
通美股帳戶」進到下一頁。

4 ▶ **準備開戶前證件。**

　　接下來介紹的開戶流
程，適用年滿 18 歲，並持
有中華民國護照的臺灣居民
（居住超過 183 天）：系
統詢問是否為美國居民，點
選「否」，公民身分則選擇
「臺灣」，然後瀏覽規則再
點選下一步。

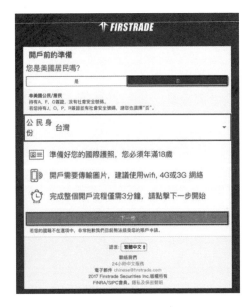

5 上傳護照驗證身分。

　　拍攝清晰的護照照片
頁及簽名頁，上傳完成後，
點擊「保存，下一步」。

6 填寫護照上的完善訊息及其他個人資料。

　　將護照上的資料依序
填入欄位中，「居住地報稅
號碼」為我們的「國民身分
證字號」，地址欄位則要輸
入英文地址，英文地址可上
「中華郵政全球資訊網」的
郵政業務「中文地址英譯」
頁面查詢（見下一步驟）。

　　依序填好居住地址、
E-mail、婚姻狀況和就業狀
況後按「保存，下一步」。

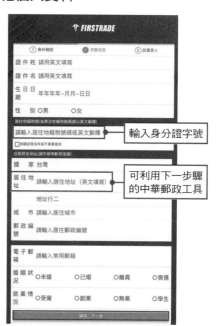

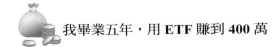

7 **利用中華郵政網站查詢英譯的中文地址。**

　　首先在中華郵政全球資訊網中點選「查詢專區」，再選擇「郵務業務」中的「中文地址英譯」，便會連結到填寫地址的表格。

　　填入你想翻譯的地址之後，點選「查詢」即會跳出英文地址。

8 ▶ **填寫投資背景資料。**

　　回到第一證券，繼續填寫
年收入等個資，以及投資經驗、
投資目標。有關是否開通進階的
交易權限，一般不建議剛入門的
ETF 投資人開通，完成後點「保
存，下一步」。

　　建議一般剛入門投資人，
　　不要開通其他交易權限

9 ▶ **設置登入帳號密碼。**

　　設定網路銀行登入帳號及
密碼，還有四碼的安全密碼，輸
入後建議另外拿紙筆抄寫起來，
或是記錄在備忘錄當中，避免之
後忘掉造成困擾。

　　設定完畢後，一樣點擊「保
存，下一步」。

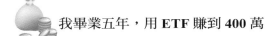

10 ▶ 帳戶協議確認簽署。

閱讀完數位簽名用戶
須知以後，點擊帶著十字的
虛線方框（點擊手寫中文數
位簽名）。

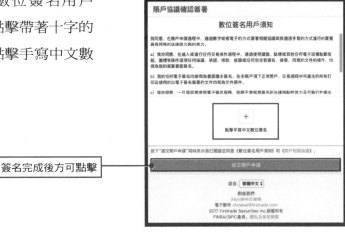

簽名完成後方可點擊

11 ▶ 依照指示簽名。

簽下與護照上相同名
稱的字樣，若護照上為中文
則簽中文，如為英文則簽英
文，簽名完成後送出申請，
幾天內即可收到開戶成功的
通知。

4

跨國匯款流程注意事項

　　透過海外券商購買美國掛牌的 ETF 前，必須將你的資金透過國內銀行，轉帳到海外券商的帳戶，這個過程稱為「電匯」（Telegraphic Transfer，T/T）。

　　電匯是銀行外匯匯款業務的基本方式之一，國外的匯出行收到匯款人的申請，會採用 SWIFT（環球銀行間金融電訊網路）等電訊手段，將電匯付款委託書傳送給匯入行，指示解付一定金額給收款人。

　　不管在網路上或是臨櫃辦理，投資人最容易忘記在「匯款附言」的部分填寫券商帳號及名字，這部分務必記得。

　　因此進行電匯前，你應該確認的項目有：

　　1. 匯款金額。

　　2. 匯款幣別。

　　3. 附註海外券商帳號（登入後可找到跨國匯款所需資訊）。

　　4. 附註海外券商開戶名稱。

　　以下以國泰世華銀行的網路銀行作為範例。

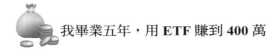 我畢業五年，用 ETF 賺到 400 萬

1 進入國泰世華官網，登入「網路銀行」（位於網頁右上角）。

2 點選「外匯匯出匯款」。

3▶ 閱讀外匯匯出匯款約定書。

確認完約定書並打勾同意後，進入「下一步」。

4▶ 填寫外匯匯出匯款選單。

選單資料有扣款帳號／幣別、受益人、入帳方式、匯出幣別／
金額、郵電費（按：又稱電報費，為發送電報給中間轉匯銀行的費
用）扣款帳號／幣別、匯款分類、匯款附言，我們一步一步來。

- 扣款帳號：選外幣帳戶。
- 扣款幣別：選 USD 美元。
- 請選擇受益人：選 TD AMERITRADE CLEARING, INC。
- 入帳方式：選全額入帳（可全額到達受款行）。
- 匯出幣別／金額：填寫要匯款多少。
- 郵電費扣款帳號／幣別：依人而定，我個人選擇扣臺幣。
- 匯款分類：下拉選取這次匯款目的為何，我們選「投資款」。

填寫匯款附言──

For further credit to：
Name：（你 TD 開戶的名稱）
Account number：（你的 TD 帳號）

以上三行請直接輸入附言中

5 **確認交易資訊。**

　　這裡是試算網頁，等你確認完資訊後，將金融卡插入讀卡機並輸入密碼，最後按下「確認匯款」，交易才會真的進行。

（接下頁）

6　交易完成，匯款成功。

7　郵電費扣款。

從帳戶個人首頁可以看到，本來臺幣資產合計是新臺幣 600
元（見第二步驟圖片），現在已被扣除歸零。

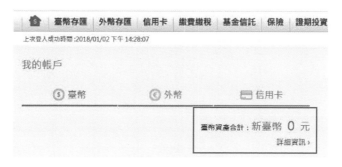

8 **到帳確認。**

　　登入海外券商後
點選歷史資料，確認
成功到帳。

　　那麼要如何查詢
歷史紀錄呢？因為是
透過德美利證券（TD
Ameritrade），所以
我們先登入該券商的
中文版網頁，接著依
序點選：我的帳戶→
我的帳戶概覽→交易
歷史與對帳單。

匯款注意事項

每間銀行的匯款注意事項其實差異不大，如以下幾點。

1. 每日交易累計限額說明（限額計算為臨櫃及電子化通路）：

（1）涉及新臺幣之結匯交易，每日累計限額不得超過等值新臺幣 50 萬元，超過新臺幣 50 萬之交易，請親自前往分行辦理。

（2）每筆交易金額不得低於等值新臺幣 500 元。

（3）外匯匯出匯款累計公司戶不超過 2,000 萬美元，個人戶不超過 45 萬美元。

（4）承作自然人匯款人民幣至大陸地區，對象以領有中華民國國民身分證之個人為限；匯款性質應屬經常項目，每人每日匯款之金額，不得逾人民幣 8 萬元。

2. 外匯匯出匯款交易須於臺灣營業時間內（約上午 9 點銀行即期匯率牌告〔按：銀行對外正式掛牌公告〕完成掛牌後，至下午 3 點 30 分）進行。

3. 匯款交易成功係指銀行匯款排程成功，實際交易結果將依銀行內部作業程序為準。另，款項實際匯達受款銀行時間，視轉帳銀行及受款銀行之處理時間而定。款項匯出後，轉帳銀行及受款銀行將由款項中扣除其處理費，處理費依轉帳銀行及受款行之收費標準計收。

4. 匯款附言限輸入 140 個半形英數字、指定特殊字元（如：/

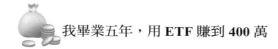

- ?：( ) .' '+{ } ）及空白，勿輸入全形文字、中文或其他未指定字元；
匯往大陸地區之人民幣匯款除前述字元限制外，不得輸入：及'。

　　5. 不同幣別換匯轉帳，限銀行營業時間內辦理（約上午 9 點
即期匯率牌告完成掛牌後，至晚上 10 點）。

　　6. 相同幣別轉帳為 24 小時交易，惟晚上 10 點以後之轉帳交
易，於次一營業日入帳。

第四章

選標的不用燒腦，
2 大篩選器幫你過濾

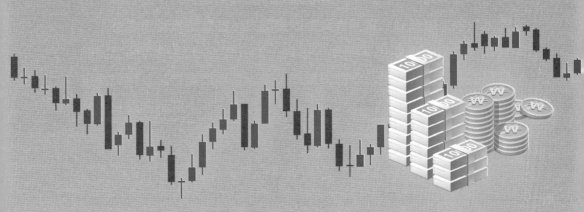

1

最熱門的三大發行公司

　　ETF 是近年來很熱門的金融產品，有 3 家發行公司你一定要
認識，分別是貝萊德（BlackRock）、先鋒集團，以及道富環球投
資管理（State Street Global Advisors），在 ETF 市場中，它們的
占有率高達 80%（見圖表 4-1）。

圖表 4-1　ETF 的市場占有率中，3 家公司是大贏家

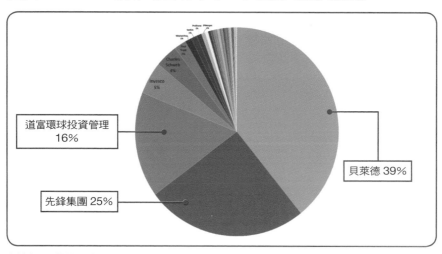

資料來源：推特帳號 @NateGeraci。

貝萊德：全球最大資產管理集團

貝萊德目前是**全球最大的資產管理集團**，管理資產規模在 2018 年 9 月底達到 6.44 兆美元，聘用超過 1 萬 1,500 名員工，在股票、固定收益、現金管理、替代性投資、不動產諮詢策略等領域中，為全球許多大型企業、養老金、慈善基金、公共機構，以及數以百萬的個人投資人，提供投資管理服務。

貝萊德於 1988 年，由勞倫斯・芬克（Laurence Fink）在只有一個房間的辦公室創立，當時創業團隊管理的，是黑石集團（Blackstone）旗下專注於固定收益的一個投資部門。

1992 年，團隊從黑石集團獨立後正式更名為「貝萊德」，截至該年年末，公司管理資產規模達 170 億美元；1994 年底，管理資產規模更進一步成長至 530 億美元。

2009 年 6 月 12 日，貝萊德以 135 億美元的價格，**收購巴克萊銀行**（Barclays，按：英國最古老的銀行，其歷史可追溯到 1690 年）的資產管理部門——巴克萊國際投資管理（Barclays Global Investors，BGI）。BGI 以買賣追蹤指數產品聞名，其旗下的安碩（iShares）在美國 ETF 市場的占有率接近 5 成。

兩家公司於 2009 年 12 月 1 日完成合併之後，躍升為全球最大的資產管理公司，總管理資產接近 3.19 兆美元。**合併的新公司稱為貝萊德，同時繼續保有安碩。**

安碩如今既是貝萊德旗下的 ETF 發行商，也是全球最大的 ETF 供應商，提供多元的 ETF 商品，除了各國的**市場指數 ETF**，

還提供很細部配置的**產業 ETF**，就美國地區來說，投資人可以針對特定領域進行投資，例如：科技、電信、公用事業、天然資源、多媒體科技、軟體科技、保險、金融、林木業等等。

安碩目前在美國上市 359 支 ETF，前三大為 iShares 核心標普 500 指數 ETF（iShares Core S&P 500 ETF，代號 IVV）、iShares MSCI 歐澳遠東 ETF（iShares MSCI EAFE ETF，代號 EFA），以及 iShares MSCI 核心歐澳遠東 ETF（iShares Core MSCI EAFE ETF，代號 IEFA）。

先鋒集團：提供最低成本的投資工具

巴菲特曾在股東會上，讚譽先鋒集團創辦人約翰・柏格對於金融界的貢獻，他提到：「柏格為美國投資者做的事，可能比任何人都還多；沒有他，就沒有指數型基金。」由此足見巴菲特對柏格的賞識。

1975 年，約翰・柏格創立了先鋒集團（其前身威靈頓基金〔Wellington funds〕則是於 1929 年成立），是**目前世界上第二大資產管理公司**。至於 Vanguard 一詞，源自 18 世紀英國海軍將領霍雷肖・納爾遜（Horatio Nelson）在尼羅河戰役中的旗艦「HMS Vanguard」號。

先鋒集團對於指數化投資的貢獻意義非凡，也引領指數型基金的發展，並於 1976 年推出服務散戶的首支公募指數型基金。

在一般的基金公司架構中，基金公司管理階層必須向公司股東

負責，其次才向基金持有人負責；先鋒集團則利用一個獨特、獨創的制度，來保護基金持有人的利益，透過此種制度，先鋒集團將基金持有人的利益與公司股東利益綁在一起。那麼，這是什麼樣的制度呢？

先鋒集團設計讓基金資產收購了基金公司股東的股份，集團由其在美國發行的基金所擁有，讓基金持有人成為基金的股東──換個方式說，買先鋒的基金就成為公司股東，而買其他基金公司（如安碩）的基金，你並不會成為安碩的股東──公司依照成本經營，只為基金持有人服務，也沒有設計管理費的概念，更盡量避免將預算使用在廣告與促銷，這個制度為投資者帶來絕大的成本優勢。

先鋒集團的平均費用率從 1975 年的 0.65％降到 1990 年的 0.35％，最近一次統計，2017 年基金的平均費用率更降到 0.11％。

透過這樣特殊的設計，創辦人柏格認為公司的使命，是從投資者根本利益出發，公平對待所有投資者，致力於為投資者提供最佳機會，以達到投資成功的目的。他希望公司唯一的要務就是做好投資、努力經營，因為唯有投資業績成長，基金持有人才能受益。

柏格認為**先鋒集團的低成本**，並不是因為減少員工的薪資，而**是來自先鋒集團特有的組織形式、投資顧問及市場經營策略**。當公司管理資產增加，先鋒集團常常進一步調降管理費用，除了能吸引更多人投資之外，亦有助於提升投資人的績效，而表現較好的報酬又進一步成為增產增長的主要原因，如此形成一個正向循環。

道富環球投資管理：旗下 SPDR 成立首支 ETF

道富環球投資管理是美國道富集團（State Street Corporation）的投資管理部門，也是全球第三大資產管理公司，於 2010 年 3 月 31 日，管理資產達到 1 兆 9,000 億美元；截至 2017 年 12 月 31 日止，管理資產更達 2 兆 8,000 億美元。

道富集團於 1792 年成立，以美國波士頓為基地，是一家銀行控股公司，其股票以代號 STT 在紐約聯合交易所掛牌買賣；道富環球投資管理於 1978 年成立，專注在創新的數量化投資服務，以精密化和電腦化為其投資策略的設計基礎。

道富環球投資管理已成為香港主要投資經理人之一，除了業務拓展、為日本以外的亞洲客戶提供投資組織者及客戶服務外，**香港分行更設有交易部，負責**道富環球投資管理在**亞太區的股票買賣活動**。作為全面的投資中心，道富環球投資管理亞洲有限公司以主動式、增強式及被動式等不同管理方法，為客戶提供廣泛的投資方案，包括平穩至進取的策略。

道富環球投資管理是美國道富公司的投資管理業務，而 **SPDR ETFs 是道富環球投資旗下的交易所買賣基金系列**。道富環球投資管理的成功，基於其務實的商業策略、優質的管理方式和完美無瑕的實施方略；有別於其他機構，道富環球投資管理增長的關鍵並非收購，而是積極拓展業務和開發優質資產管理服務。

2

PG 給新手的 6 個叮嚀

　　既然要投資，那我們就要做最有效率的投資，穩穩的把錢賺進口袋裡。不過事事都有「眉角」，投資 ETF 當然也有，只要一沒注意到，形同讓口袋破個洞卻不自知，悄悄的放任你把本來該拿到的獲利流走。

　　這些關鍵包括：總開銷、指數追蹤績效、資產規模、成交量與流動性、成立時間、市場領先地位，樣樣不可少！

　　1. 總開銷：迴避高成本 ETF。

　　以投資美股交易的 ETF 來說，總開銷費用建議小於 0.3%，如此一來才能降低成本拖累，挑選原則是**兼顧資產規模、指數追蹤能力後越低越好**，如果有隨著總資產規模上升持續調降成本的紀錄，那就更好了！

　　以台股 ETF 來說，費用能**低於 1% 就算是勉強及格，最好還是低於 0.5%**。

　　如果我們投資原本利息收益有 8% 的基金，而基金收取的成本為 1.5%，那麼投資人到手的實質利率就只剩 6.5%；如果年度獲利是 5%，基金收取 2% 費用，那麼投資人到手的只剩 3%。從這

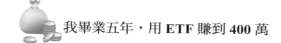

裡應該可以深刻體會到，成本一事不可不慎了吧！

那麼節省購買基金的花費，實際該怎麼做呢？我們可以選擇手續費優惠的券商，或是利用免手續費方案時，購買 ETF 來降低一次性的投資成本，接著選擇總開銷費用低以及追蹤成效良好的 ETF，控管每年的投資成本。

如果想利用國內券商投資美股或是英股交易的 ETF，複委託開戶前請先找到有提供下單優惠的券商，盡量取得優惠，避免直接使用牌告費率。

使用海外券商的朋友，可以依照自己的投資方式，選擇不同的券商，目前除了盈透證券外，第一證券、德美利證券在網路上下單投資股票、ETF，都不用負擔手續費。

再來，我們可以購買低成本的指數型共同基金，這類型的費用通常比經理人選股的主動式共同基金低；或者，我們可以購買追蹤市場指數的 ETF，臺灣常見的發行公司是元大投信 Yuanta ETFs，提供投資人國內規模最大的 ETF 商品，例如 0050。

國外常見的發行公司是貝萊德資產管理公司旗下的 iShares 系列、道富環球投資管理的 SPDR 系列，以及先鋒集團的 ETF。

若想知道自己付出何種費用，我們可以到基金公司的公開說明書、官方網站簡介查詢。

2. 指數追蹤績效：避免拿不到該有的報酬。

ETF 好壞的指標之一是指數追蹤能力，兩項評估指標分別為**追蹤偏離度**（tracking difference）與**追蹤誤差**（tracking error）。

前者可至各發行公司官網，查詢每年的淨值績效（Total return by NAV）和指數表現（Benchmark）來評估；後者可至「MoneyDJ 理財網 ETF → ETF 排行→風險排行→追蹤誤差排行」查詢。

　　ETF 追蹤偏離度指的是，在相同的投資期間內，ETF 報酬與其追蹤指標報酬的差異，也就是我們直覺計算出的標的指數報酬與 ETF 報酬之間的差距。

　　ETF 追蹤誤差則是反映在投資期間，一檔 ETF 走勢與其基準指數的相近程度，是相對報酬的標準差，在計算上必須先算出追蹤偏離度，再利用標準差的概念計算追蹤誤差。

　　舉例來說，假設指數報酬是 5.72％，那麼 ETF 的報酬最好也是 5.72%，但 ETF 的實質報酬可能是 5.68%，這之間就存在著 0.04％的追蹤偏離度（落後大盤 0.04%）。

　　既然 ETF 透過各種方式來追蹤某一個指數，目標是貼近指數報酬，那麼最佳狀況當然是完全等於指數報酬。不過這種事可遇不可求，投資沒有天天在過年的；都說是「貼近」了，自然會產生追蹤誤差，因此我們得把標準放寬，**追蹤偏離度最多 0.3%**。

　　ETF 會因為總開銷費用、指數追蹤方式、現金部位（按：即手上持有的現金）等因素，造成 ETF 報酬無法 100％貼近指數報酬，在其他條件相同的情況下，具有最小追蹤偏離度的 ETF，顯然優於具有更大誤差程度的 ETF。

　　如果投資金額越高，追蹤誤差與成本皆不可偏廢，即使總開銷費用最低，但指數追蹤不佳，仍會造成該拿到卻拿不到的損失──試想，要是每年落後 1％、2％，長期下來就相當於投資高成本的

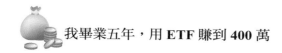
ETF，實在不可不注意，因此務必挑選開銷低加上追蹤強的 ETF。

3. 資產規模：降低清算風險。

ETF 和股票一樣，當交易不熱絡時會造成流動性問題，流通性不佳的 ETF 又容易產生溢價與折價的問題。

選擇資產規模大的 ETF，可以享有隨著規模提升而調降總開銷費用的優勢，也可以獲得較分散的持股，而且選擇大公司發行的 ETF、資產規模大的 ETF，也能降低日後被清算的風險，避免需要重新挑選 ETF 的困擾。

4. 成交量與流動性：買賣價差越小越好。

檢查 ETF 每日交易量是否充足，**建議至少選擇每日成交量大於 10 萬股的 ETF**；通常熱門的 ETF 交易量每天達到數百萬股，而冷門的 ETF 幾乎沒有交易。

無論資產類別如何，交易量都是流動性的良好指標—— ETF 的交易量越高，流動性越高，買賣差價越小。在賣出 ETF 的時候，這些尤為重要。

5. 成立時間：影響可檢視的歷史資料。

ETF 的成立時間越久（**至少滿 3 年**），可查詢的資料便越多，進而略知其發展軌跡，能隨著市場波動生存下來的 ETF 顯然較為穩定。通常全市場的 ETF 存活性較佳。

6. 市場領先地位：享受加成優勢。

在 ETF 領域，「先發優勢」非常重要，常見大者恆大的趨勢，因為首支 ETF 可以獲得多數投資人的資產挹注，也可以優先享有規模經濟，持續調降費用，提升後進投資人的持有意願。

選擇大公司例如 Vanguard、iShares、SPDR 的 ETF，能夠獲得較好的綜合結果，或是利用「**VI 法則**」——由 Vanguard 以及 iShares 的 ETF 開始入門——直接從這兩家發行的 ETF 挑選，**因為這兩家 ETF 數目眾多**，光是 Vanguard 加上 iShares 的 ETF 就有四百多支，已經符合大多數人的理財需求。

如果還是覺得難以抉擇，建議從 Vanguard 的 ETF 開始研究。Vanguard 由於特殊的公司結構，讓基金資產收購了基金公司股東的股份，使基金持有人成為基金的股東，公司再按成本經營，只為基金持有人服務，也沒有設計管理費的概念，更避免將預算使用在廣告與促銷，如此一來，就對投資人更加有利。

3
破解 ETF 命名邏輯，不踩雷

到目前為止，我們已經介紹了何謂 ETF、ETF 的種類、投資過程、發行公司，或許你已經躍躍欲試了，但在進場之前，請先自問兩個問題：

1. 我要投資什麼？

2. 我要怎麼投資？

「投資什麼」，是搞清楚自己想要的「投資標的」；「**怎麼投資**」，是先確定自己的「投資風格」。若能仔細做好功課，在投資路上就能走得更加穩健。

我要投資什麼標的？

投資標的決定了 ETF 的基本屬性，例如股票 ETF 是投資股票，又能細分成投資全市場或是特定行業，甚至是價值股（Value Stock，按：價值型股票，是指那些與利潤和資產相比較，價值可能被低估的股票）、小型股、特別股；債券 ETF 是投資債券，有短、中、長期政府公債，以及綜合債券、抗通膨債券或是高收益

債等。如果你以為投資債券 ETF 就代表穩定，那你可能會不小心為了高配息，投資到高收益債 ETF，反而提高了自己投資組合的風險。

股市、債市、貨幣市場都有其各自的投資報酬、風險以及流動性，從歷史來看，股市的報酬優於債市，債市又優於現金，如果追求最大的收益，那麼要多配置在股市；如果追求資產穩定，那麼要多配置高評等的債券；如果追求資產容易變現取得，要多配置於貨幣資產。

從這基本的三項目標——報酬、風險、流動性——來思考這三大類資產之間的比例，可以作為「資產配置」（詳見第五章）的出發點。

我要走什麼投資風格？

ETF 百百種，有被動型的也有主動型的，有低成本也有高成本的。低成本被動型的 ETF 就像是約翰・柏格推崇的指數型基金一樣，能夠幫投資人達到長期投資目標；而高成本主動型的 ETF 就像是傳統主動管理的共同基金一般，追求的是打敗大盤，拿到超額報酬。

跟大家分享一個故事：美國心理學家凱瑟琳・沃斯（Kathleen Vohs）曾做過一項實驗，她將學生分為兩組，一組在考試前先選課，另一組則直接考試，結果考試前選課的學生在考試中的表現，明顯不如未選課的學生。

　　她發現擁有太多選擇的人，往往需要很大的心智容量（mental capacity），簡單來說，做決策會使人疲乏（稱為「決策疲勞」）；套用到投資主題上，我們可以發現我們每一次對投資做出決定，長久下來會感到疲累，而出現過多的投資決策時，便會過度花費心智容量。

　　儘管挑選 ETF 非常耗時燒腦，但只要把握低成本、分散投資全市場的概念，就能挑出可以陪著自己成長的 ETF。

善用工具網站搜尋詳細資料

　　在選擇 ETF 時，會用到許多網站，但首先最重要的便是找到 ETF 發行公司的官方網站，例如想研究元大發行的 ETF，就到元大投信的網站；如果想研究 Vanguard（先鋒）ETF，就到 Vanguard 的網站查詢 Vanguard ETF Lists。

- 元大投信 ETF 查詢：
  http://www.yuantaetfs.com/#/ProductMap/0
- Vanguard ETF Lists：
  https://investor.vanguard.com/etf/list#/etf/asset-class/month-end-returns

---

　　找到官方網站，再找到公開說明書（通常是 PDF 檔案），便能知道正確的公開資訊，查詢想要的資料。

　　接著，我們可以利用其他資料庫式的網站查詢資料，例如晨

星（Morningstar）、MoneyDJ 理財網等，這些資料庫網站能提供 ETF 的比較表格，就好像百貨公司的商品目錄一樣，投資人只要詳加比較、查閱，定能找到關鍵資訊。

- 晨星搜尋頁面：
  https://tw.morningstar.com/ap/main/default.aspx

- MoneyDJ 理財網搜尋頁面：
  https://www.moneydj.com/etf/x/default.xdjhtm

我們以元大投信（https://www.yuantafunds.com/）的 ETF 來舉例說明。

1 到官方網站之後，在選單點選「**ETF** 專區→ **Yuanta ETFs**」。

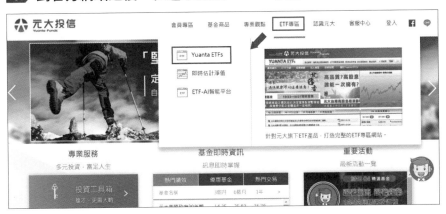

2 進入元大投資 ETF 專區。

這裡可以看到所有元大發行的 ETF，也能看到 ETF 的追蹤指數、現在的價格，以及當日的漲跌。

3 選擇一檔 ETF 之後，點選右上角的「立即查看」。

這樣就能針對有興趣的 ETF，看到最新、最完整的官方資料。

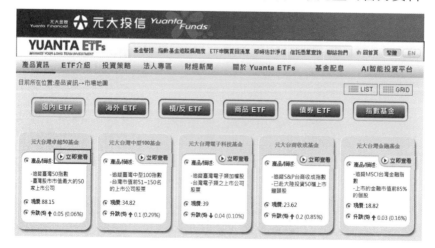

4 ▶ 舉例：「元大台灣卓越 50 基金」。

承接上一步，點入「立即查看」便會出現以下資料。

基準指數影響報酬率

挑選 ETF，首重基準指數（Benchmark，按：在大部分情況下，投資者會選擇一項市場指數或結合多項指數，作為投資組合的基準指數）。對於指數化投資人來說，基準指數一定要選對，像是我們進行指數化投資，基準指數要以能盡量囊括市場上所有證券的指數為主，如果你長期投資選到反向型 ETF（例如元大台灣 50 反 1，代號 00632R），面臨的只有下跌再下跌。

基準指數的風格在「**ETF 名稱**」就透露了許多訊息，考慮選擇什麼 ETF 的時候，先看看標題就可以大致知道 ETF 的**投資策略、追蹤的標的指數或資產類別**。

從更高的角度來看，最好是投資追蹤範圍廣泛且被廣泛接受的 ETF，盡量避免只投資單一產業、單一國家或是範圍狹窄的指數，因為這些 ETF 到頭來都只是不那麼分散的投資組合。

用名稱結構篩除劣質投機 ETF

原則上，名稱越簡潔的 ETF，投資策略也會較為單純，像是 Vanguard 標普 500 指數 ETF、iShares MSCI 新興市場 ETF 等，這類 ETF 的結構如下：

- ETF 發行公司＋投資指數
- ETF 發行公司＋投資市場
- ETF 發行公司＋指數編制公司＋投資區域

比方說，iShares MSCI 南韓 ETF（iShares MSCI South Korea ETF，代號 EWY）由「ETF 發行公司＋指數編制公司＋投資區域」組成；Vanguard 美國中期債券 ETF（Vanguard Intermediate-Term Bond ETF，代號 BIV）則由「ETF 發行公司＋投資市場」組成。

而較複雜的策略，ETF 結構如下：

● ETF 發行公司＋指數編制公司＋投資區域（＋投資策略）

● ETF 發行公司＋指數編制公司＋投資策略＋投資區域

例如：Direxion MSCI 每日 3 倍做多南韓 ETF（Daily MSCI South Korea Bull 3x Shares，代號 KORU），就是「發行公司＋指數編制公司＋投資策略＋投資區域」。

如果要判斷是否為槓桿、做多或放空型的 ETF，可檢查是否有以下關鍵字，直接剔除。

● 做多（認為你投資的標的會上漲）ETF：名稱有加強做多、2 倍做多、3 倍做多、4 倍做多，或是 Bull

● 2 倍槓桿 ETF：名稱有 Ultra

● 3 倍槓桿 ETF：名稱有 UltraPro 或是直接註明 3x

● 放空型 ETF：名稱有 Bear 或是 Short

我們能透過名稱判別 ETF 的好壞，剔除不適合者，但因為訊息的局限性，我們仍須檢查其他項目，才能挑出最適合的 ETF。

● PG 入門筆記

● 做多型 ETF 與放空型 ETF

　　放空、做多是股票交易員在說明他對市場的看法或是操作策略時的用語。**做多代表他認為這股票會漲**，也就是以現在的價格買進，持有一段時間之後，價格還會繼續上漲，當漲價之後賣出就能賺錢（因為賣價＞買價）。

　　放空則相反，如果認為這支股票會跌，手上有持股的人會賣出，以免賣價小於買價虧了錢。一般來說，我們長期投資股票就是做多市場，投資的 ETF 就是做多型 ETF。

● 槓桿型 ETF

　　槓桿型 ETF 就是以小搏大型的 ETF，這類型的價格變化程度是每天追蹤指數報酬的某個倍數。假設別人向前走一步，2倍槓桿 ETF 就會向前走兩步；如果退一步，2 倍槓桿 ETF 就會退兩步。由於報酬變化是以單日為基準，故不適合長期投資。

● 反向型 ETF

　　另一種報酬變化也是以單日為基準的是反向型 ETF。反向型 ETF 意味著其走勢跟指數相反，別人向前走一步，反向型 ETF 會退一步；如果別人退一步，反向型 ETF 就會向前走一步。

　　每日追蹤標的指數報酬反向表現的 ETF，如反向倍數為 1倍時，標的指數上漲 1%，反向型 ETF 就追蹤下跌 1%；標的指數下跌 1%，反向型 ETF 則反向追蹤上漲 1%。

4

實作篇：圖解 ETF 篩選器

在上一節，我們講到了篩選 ETF 的重要性，那麼比較常見的篩選器有哪些呢？它們各有什麼優缺點？我在下面列出了五種供各位參考。

網站	Morningstar
功能名稱	ETF Screener
網址	https://www.morningstar.com/etfs/screener
優點	● 資料更新快 ● 可依折溢價、報酬表現、費用、波動性來篩選
缺點	需要註冊會員並登入才能使用，而且只有英文介面

網站	Yahoo! finance Top ETF
功能名稱	All Screener
網址	https://finance.yahoo.com/etfs
優點	● 不須登入就能使用 ● 可以選擇比較多的發行公司來篩選
缺點	只有英文介面

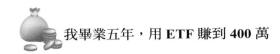

網站	ETFdb.com	
功能名稱	ETF Screener	
網址	https://etfdb.com/screener/	
優點	●不須登入就能使用 ●可以選擇比較多的發行公司來篩選	
缺點	只有英文介面	

網站	justETF.com	
功能名稱	ETF Search	
網址	https://www.justetf.com/de-en/find-etf.html	
優點	能夠以 ETF 註冊地、指數發行公司來篩選	
缺點	只有英文介面	

網站	MoneyDJ 理財網 ETF	
功能名稱	ETF 進階搜尋功能	
網址	https://www.moneydj.com/etf/eb/et305001.djhtm	
優點	●中文介面 ●可以依照發行公司、投資地區來篩選	
缺點	篩選條件陽春，沒辦法以費用率、規模來篩選	

　　其中，我個人最常使用晨星的篩選器，是因為它更新資料的速度很快，所以我在比較 ETF 的時候，都傾向到這個網站來查詢，而且它大多數的功能都是免費的，網站正確性也非常高。其他網站

則作為輔助。

接下來，我就一步步的說明如何使用晨星的 ETF 篩選器吧！

1 登入晨星網站，選擇 ETF。

輸入信箱和密碼登入晨星後（非會員請先註冊），接著點選
Research，選取 ETFs。

2 點選 ETF 篩選器（ETFs Screener）。

頁面稍微下拉後，會看到中間偏右側有個 Tools，點選底下的
ETFs Screener。你也能在網路搜尋「Moringstar ETF Screener」，
就會直接進入步驟三。

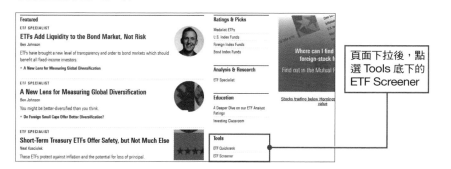

③ 來到篩選器頁面後，勾選篩選標準。

下圖就是 Basic ETF Screener 的畫面，按下 Add Criteria（新增篩選標準）準備勾選。

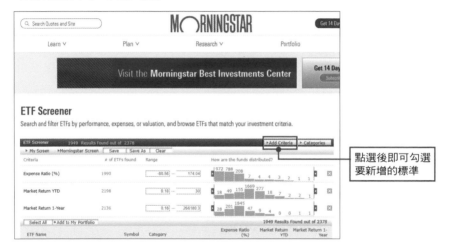

④ 勾選篩選標準（Criteria）。

Basic ETF Screener 的篩選條件由上至下分別有：

- 報價（Quote）
- 費用（Fees & Expenses）
- 報酬表現（Performance）
- 基本面（Fundamental）
- 價值面（Valuation）
- 流動性（Liquidity）
- 組合風險（Portfolio Style）
- 風險（Risk）

- 產業比重（Morningstar Sector Weightings）
- 區域比重（Regional Exposure %）
- 產業比重（GIC Sector Weightings）
- 指數相關係數（Index Correlation）
- 個股比重（% Exposure to a Stock）
- 槓桿比率（Leverage）

例如我想加入費用比率（Expense Ratio）來篩選，就從左到右依序選取，最後按下 Criteria Added（篩選標準增加）。

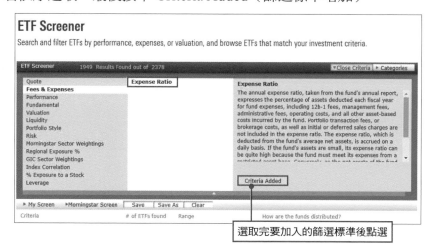

選取完要加入的篩選標準後點選

5 勾選篩選分類（Category）。

勾選分類的功用，在於是否針對性的挑選股票 ETF 或者債券 ETF，比方說，你要選擇適合的通訊業 ETF（見下頁圖），就在選定產業股票（Sector Equity）後，勾選通訊（Communications）。

網站中會列出的選項由上至下有：

- 所有類別（All Category）
- 美國股票（U.S. Equity）
- 產業股票（Sector Equity）
- 國際股票（International Equity）
- 應稅債券（Taxable Bond）
- 貨幣市場（Money Market）
- 股債（Allocation）
- 非典型、另類（Alternative）：熊市、短期、期貨、反向、槓桿
- 原物料（Commodities）
- 基金家族（Fund Family）

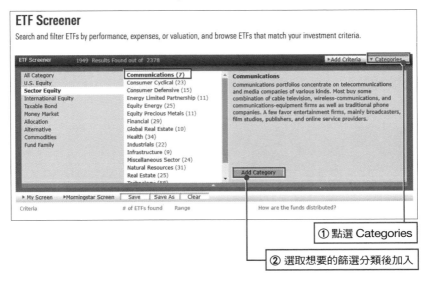

6 調整篩選標準。

如果要新增篩選標準，請重回步驟三；若要刪減，點選「×」按鈕即可。

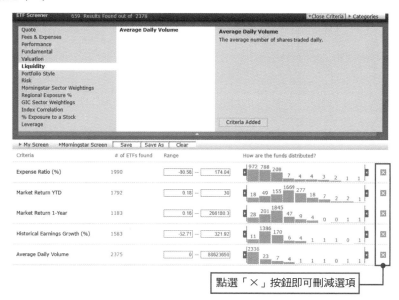

範例：以總開銷費用來篩選 ETF

以篩選 Vanguard 發行 ETF 的費用比例為例，操作方式如下。

1 打開晨星篩選器頁面，要記得先登入才能使用。

2 勾選篩選標準：選擇費用（Fees & Expenses）之後，在 Range 欄位輸入標準，左邊方格為總開銷底線，填寫 0（％），右邊方格填寫總開銷上限，填寫 0.3（％），如此一來我們就選擇了總開銷費用在 0.3％以下的 ETF（見下頁圖）。

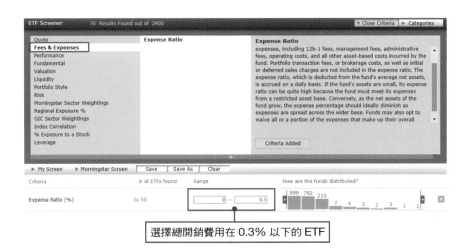

選擇總開銷費用在 0.3% 以下的 ETF

3 勾選篩選分類:選擇基金家族(Fund Family)中倒數第二個選項——Vanguard,只挑選 Vanguard 所發行的 ETF。

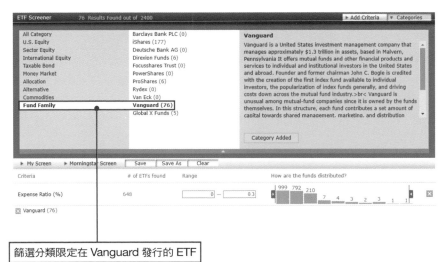

篩選分類限定在 Vanguard 發行的 ETF

4 透過篩選標準以及分類，我們可以篩選出 76 支 Vanguard ETF（費用調降的話，符合條件的 ETF 數量也會跟著變化），符合低成本的基本原則。

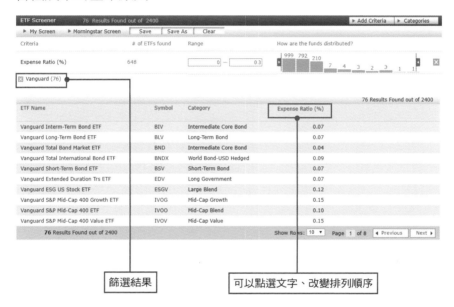

第五章

PG 獨家推薦
投資計畫 SOP

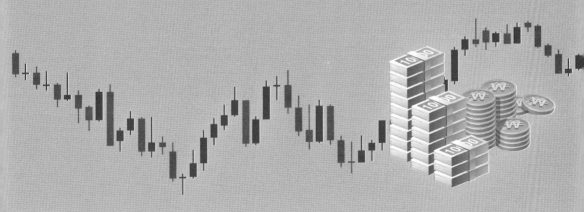

1

投資中的無鋒重劍：
資產配置

金庸的小說《神鵰俠侶》中，楊過得到一把厚重的鐵劍，上鑄八個字：「重劍無鋒，大巧不工。」重劍是獨孤求敗 40 歲前所持之器，他憑著此劍橫行於天下。

「重劍無鋒，大巧不工」的意思是說，真正的劍技不是依靠劍鋒，而是個人的修行。劍沒有開刃，並不鋒利，但使用它的人若擁有極大的力量，同樣可以造成極大的殺傷力；大巧不工，則比喻大智慧實際上並非計算，所指的道理是順其自然。

投資理財中，資產配置就像一把重劍，看似樸實無華，其實效果威力不凡。

有鑑於資源有限，因此更需要分配，資產配置的目的就是分配有限資源；你若把自己想像成一位將軍，資產就是一兵一卒、一車一炮，要如何分配有限的人力、物力打贏這場仗，就是你這位投資將軍該思考的事情。

沒有完美方案的方案

以前人們把錢埋在土裡防止天災人禍，隨著時代演進，有了許

多工具可以用來保存財產，例如定存、保險、股票、債券、共同基金、ETF 等。

　　資產配置在做的事情就是分配財富，把財富放在對的地方減少風險、減少損失，甚至能增加報酬。

　　在投資組合上，資產配置是在決定風險資產與安全資產的比例：**要讓多少錢負責進攻賺取報酬？要讓多少錢負責防守來避免下跌？**除了調配兩者間的比例，還要考量自己的工作穩定度、年齡、風險承受度、風險承受能力等各項指標來評估。

　　記住喔，資產配置的結果非常獨特且人性化，沒有完美方案，也沒有絕對的對與錯。

　　每個人決定把錢放在什麼地方？要放多久？答案都不一樣，別過度追求完美方案，因為我們都是依照過去的資料來推測可行方案，並參考以往的表現來模擬計畫達成目標的成功機率；但過去不等於未來，我們進行資產配置是為了未來做準備，不是為了找出歷史中的完美方案。

　　良好執行率的重要性，遠勝於找出一個完美計畫。如果看到別人獲得非常亮眼的報酬率，千萬不要羨慕，因為你不知道同樣的方法，可否在下跌時讓投資人照樣睡得著。

　　在進行資產配置前，我們要知道資產其實分好幾類，除了我們前面已經介紹過的三種 ETF（股票、債券、房地產）以外，還有短期投資，這些資產組合起來，能讓我們降低投資風險，增加達到財務目標的可能。

持有現金與短期投資：追求本金穩定，機動支援

現金是最常見的短期投資，除此之外還有貨幣市場基金、國庫券（Treasury Bills）、定存單（按：存款人將資金存入金融機構一定時期，金融機構發給存款人的存款證明）。

有人說：「錢到用時方恨少，事非經過不知難。」現金這種高流動性的資產總是多多益善，我們絕對不要鐵齒、認為自己不會有手頭很緊的時候，是人都可能生病、可能遇到車禍，在這種緊急的狀況下，一定要有可以馬上提款的準備額度，在隨便一家超商或者銀行 ATM，都能領個幾千、幾萬元。

現金只要用活存或是定存即可，不用 ETF。

這類型投資的報酬源自於利息，相較於股票以及債券，短期投資最穩定，但長期報酬也最低。

什麼時候該用這種短期投資工具呢？假設未來幾個月或是一、兩年內會有大筆支出，那麼最好把這筆預算以現金或是定存的方式存起來；你也可以抱持未雨綢繆的心態，準備應付緊急狀況，例如車禍賠償、受傷等。

近代投資歷史上，短期國庫券（一種流通性非常高、可迅速以市場價格轉換成現金的債券，在圖表中基本上都用來表示現金）是相當穩定的資產，股市下跌時，國庫券幾乎能保值著，很少有下跌的紀錄（見圖表 5-1）。

圖表 5-1　1929 ～ 1946 年股市下跌時，現金的保護效果

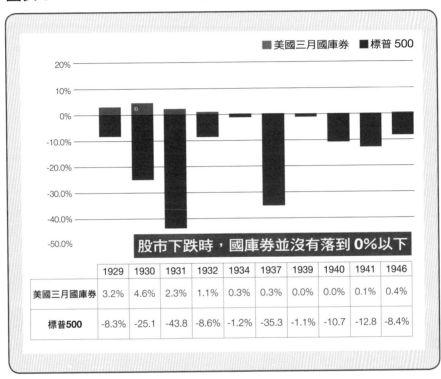

	1929	1930	1931	1932	1934	1937	1939	1940	1941	1946
美國三月國庫券	3.2%	4.6%	2.3%	1.1%	0.3%	0.3%	0.0%	0.0%	0.1%	0.4%
標普500	-8.3%	-25.1	-43.8	-8.6%	-1.2%	-35.3	-1.1%	-10.7	-12.8	-8.4%

投資組合勝於買進時機

　　提到投資，大家總先關心買賣時機以及選擇投資標的，但根據美國知名投資學者蓋瑞‧布林森（Gary Brinson）等人研究發現，資產配置，也就是決定高低風險資產比例，才是影響報酬率的重大關鍵。

　　布林森將投資總報酬拆解分析，藉此研究到底何種要素對於報酬貢獻度更高。他們觀察 1974 年到 1983 年間，美國 91 個大型退休基金的資料發現，**資產配置決定了 91.5% 的投資報酬，選擇投資標的則是 4.6%，而選擇買賣時機僅貢獻了 1.8%。**

　　經濟學家羅傑‧易普生（Roger Ibbotson）花上一輩子研究不同投資組合的報酬，也發現類似的結果：

　　資產配置的重要性，遠遠超過選股以及決定買賣時機。投資報酬 90% 以上的波動，決定於所選擇的投資類別及其比例，10% 以下由選擇股票基金、進出場時間點決定，而後者幾乎不重要。

　　所以說，大多數投資人都努力錯方向了。

　　不思考資產配置，而去追求精準的選股或進出場時機，根本是

捨本逐末，這就像考試前明知 90％的出題內容在範圍一，大多數人卻把絕大多數的準備時間，花在出題率不到 10％的範圍二上。

Vanguard 基金公司以史考特（Scott）為首的幾名研究員，在 2016 年研究美國 709 檔共同基金自 1990 年 1 月至 2015 年 9 月間的月報酬，同樣有類似結論：「**長期下來在分散式投資配置中，資產配置對總報酬率的影響占了 91.1％，選擇標的以及擇時進出對總報酬率的影響只占 8.9％。**」（見圖表 5-2）

巴菲特在 2008 年金融海嘯時說：「從長期來看，現金會不斷被通膨侵蝕而貶值，當大部分的資產置於現金時，得到的報酬率只是貼近現金的報酬，反而會錯過讓資產成長的機會。」

股票 ETF 搭配少量債券 ETF，還能避免通膨與錯過報酬。

圖表 5-2　資產配置才是影響投資報酬的關鍵

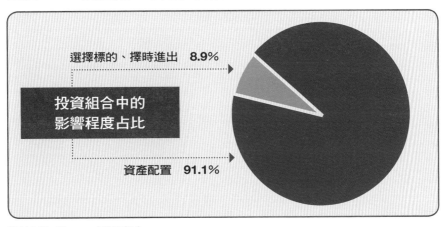

資料來源：Vanguard 研究報告。

降低跌幅，讓你安心持有

在 20 世紀，美國經歷了兩次世界大戰、各種軍事對抗、大蕭條、經濟衰退和金融危機、石油危機以及水門事件，但同時間道瓊指數也從 66 點上漲到 1 萬 1,497 點，因此巴菲特說：「長期來看，股市能夠給投資者最好的投資回報。」

投資股票的長期報酬固然優異，不過缺點也很明顯：波動太大，導致大多數人因為心理壓力無法撐過股災。

雖然股市大多時候都是上漲的，只有少部分的時候會大幅下跌，但若是處於這些慘賠年度中，一下跌就是 20%、30%。

在這些恐怖年頭裡，如果你本來就有**投資穩定的債券 ETF**，**就可以降低股災時的下跌幅度**，虧得比別人少、睡得更安穩、投資得更安心，甚至低檔加碼。

圖表 5-3 是 1931 年（經濟大恐慌的第 3 年）當年度模擬各類資產配置的最大下跌幅度，如果沒有配置防禦性資產，光是一年內股市就跌掉將近一半，我想很少會有人可以承受得了這種下跌。

1931 年，純股票組合報酬是 −43.8％，90％股 10％債的組合報酬是 −39.47％，光是加入 10％的公債，就可以少跌 4.33％。

類似情況還有 2008 年金融海嘯（見圖表 5-4），純股票組合報酬是 −36.6％，90％股 10％債的組合報酬是 −31.81％，亦即加入 10％的公債，就可以少跌 4.79％。

如果你跟我一樣，希望減少下跌所造成的損失，可以依照年紀或是自己的個性，選擇加入部分的債券 ETF，而組合大致可以分

圖表 5-3　1931 年，模擬各類資產配置最大跌幅

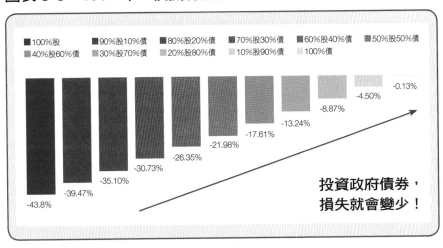

圖表 5-4　2008 年，模擬各類資產配置最大跌幅

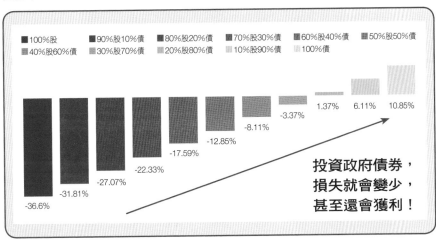

成這幾種類型：

- **股票百分百**：100％股，適合**不知道資產配置**的投資人。
- **八股二債**：80％股＋20％債，適合**剛出社會**，職涯還有好幾十年的人。
- **六股四債**：60％股＋40％債，適合**即將步入中年**的青壯年，以及**中年人**。
- **五股五債**：50％股＋50％債，適合**不知道該怎麼決定比例**，只要簡單就好的人。
- **四股六債**：40％股＋60％債，適合六十幾歲、**即將退休**的投資人。
- **二股八債**：20％股＋80％債，適合**投資風格保守**，希望保持穩定的投資人。

對於一般投資者來說，善用資產配置構建投資組合，即可在管理最大跌幅的基礎上，獲得長期回報。

就像買壽險、意外險，或是幫新車買保險，能在關鍵時刻發揮避險作用；股災時，**低風險資產可充當我們的防撞裝置**，降低投資組合的下跌幅度，摔得不那麼痛，而且心理壓力不會那麼大、心不會那麼痛，也更能維持原來的投資計畫。

經過計算，1928 ～ 2018 年，美股純股票配置的年化報酬率為9.49％，加入各 5％的短期國庫券跟 10 年期公債（共 10％債券）後也有 9.3％，加入 20％債券則是 8.76％。（資料來源：Annual

Returns on Stock, T.Bonds and T.Bills: 1928 – Current 網站數據。）
由此可見，加入少量的債券後，長期報酬仍然優異，與純股票的配置相差無幾。

　　市場不是上漲的直達車，而是必定會上下起伏的雲霄飛車，資產配置能輔助你走一條更平整的山路。跌得少除了心理安穩外，參照圖表 5-5，我們還發現跌幅一旦降低，投資組合就更容易回復到原有水平。

圖表 5-5　下降幅度越低，彌補所需的報酬率越低

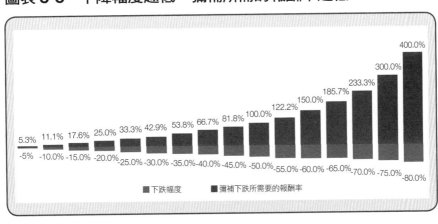

分散投資，贏得漂亮不如贏得確定

　　對於資產配置，我建議選擇全球分散的方式；在回答為什麼這

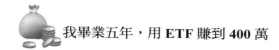
麼做之前，先思考一個問題：你認為**我們可以挑出下一個已開發市場資優生嗎**？

　　突然間問這個問題，可能會有人沒什麼概念，那我們先來看看圖表，比較 2003 ～ 2017 年，已開發市場和新興市場的報酬。圖表 5-6 是已開發市場的表現，圖表 5-7 則是新興市場的表現。

　　從圖表 5-6、5-7 可以看出，要是按照各市場表現好壞來排列

圖表 5-6　2003 ～ 2017 年，按照各國報酬表現排列，發現沒有永遠的資優生

	2003	2004	2005	2006	2007	2008	2009	2010	2011	2012	2013	2014	2015	2016	2017
高	SWE 61%	SWE 34%	CAN 27%	SWE 40%	HKG 37%	JPN -31%	AUS 69%	SWE 31%	DEU 1%	USA 27%	USA 30%	USA 11%	JPN 8%	CAN 22%	HKG 32%
	DEU 60%	NLD 30%	JPN 24%	DEU 33%	DEU 33%	USA -39%	SWE 60%	HKG 20%	USA 0%	HKG 24%	DEU 28%	NLD 3%	USA -1%	NLD 13%	FRA 26%
	CAN 52%	AUS 27%	AUS 13%	FRA 32%	CAN 28%	FRA -45%	HKG 55%	CAN 18%	GBR -6%	NLD 23%	JPN 25%	HKG 2%	FRA -2%	USA 9%	DEU 25%
	NLD 50%	HKG 21%	SWE 8%	AUS 27%	AUS 25%	CAN -47%	CAN 53%	JPN 13%	CAN -14%	SWE 19%	FRA 23%	CAN -1%	HKG -3%	AUS 7%	JPN 22%
年度報酬	AUS 45%	CAN 21%	FRA 8%	HKG 26%	FRA 11%	DEU -47%	NLD 43%	USA 13%	AUS -15%	FRA 18%	SWE 21%	JPN -6%	DEU -4%	FRA 2%	USA 20%
	FRA 38%	FRA 16%	DEU 8%	GBR 26%	GBR 5%	GBR -51%	GBR 37%	AUS 10%	JPN -16%	AUS 16%	GBR 16%	AUS -8%	SWE -7%	JPN 0%	SWE 18%
	JPN 35%	GBR 16%	HKG 5%	CAN 16%	USA 4%	SWE -51%	FRA 28%	DEU 6%	SWE -18%	USA 14%	HKG 8%	GBR -9%	NLD -11%	DEU -1%	GBR 17%
	HKG 32%	JPN 15%	USA 4%	USA 13%	NLD -1%	HKG -52%	USA 24%	GBR 5%	HKG -18%	GBR 11%	NLD 6%	SWE -10%	GBR -11%	HKG -1%	AUS 15%
低	GBR 27%	DEU 14%	GBR 4%	NLD 10%	SWE -1%	HKG -53%	DEU 21%	NLD 3%	FRA -19%	CAN 7%	CAN 3%	FRA -12%	AUS -14%	SWE -2%	DEU 14%
	USA 27%	USA 9%	NLD -3%	JPN 5%	JPN -5%	NLD -56%	JPN 4%	FRA -7%	DEU -20%	JPN 6%	DEU 0%	DEU -12%	CAN -26%	GBR -4%	NLD 6%

AUS：澳洲　　CAN：加拿大　　DEU：德國　　　FRA：法國　　GBR：英國
HKG：香港　　JPN：日本　　　NLD：紐西蘭　　SWE：瑞士　　USA：美國

資料來源：IFA.com。

圖表 5-7　2003 ～ 2017 年，繼已開發市場，你能挑出新興市場資優生嗎？

	2003	2004	2005	2006	2007	2008	2009	2010	2011	2012	2013	2014	2015	2016	2017
高 ↑	BRA 103%	HUN 88%	RUS 70%	CHN 78%	BRA 75%	CHL -37%	BRA 121%	ARG 70%	KOR -13%	POL 32%	ARG 64%	IND 22%	HUN 33%	BRA 61%	ARG 72%
	ARG 99%	POL 59%	ARG 60%	ARG 66%	IND 71%	ZAF -40%	IND 101%	CHL 42%	ZAF -17%	IND 24%	KOR 3%	ARG 17%	RUS 0%	RUS 49%	POL 52%
	CHN 81%	ZAF 41%	KOR 54%	RUS 54%	CHN 63%	CHN -52%	RUS 100%	ZAF 31%	CHN -20%	KOR 20%	CHN 0%	ARG 5%	ARG -1%	HUN 32%	CHN 51%
	CHL 80%	BRA 30%	BRA 50%	IND 49%	KOR 30%	ARG -55%	CHL 81%	KOR 25%	RUS -21%	POL 19%	ZAF -2%	IND 3%	IND -7%	ZAF 15%	KOR 46%
年度報酬	IND 74%	ARG 25%	IND 35%	BRA 41%	RUS 23%	KOR -56%	HUN 74%	IND 19%	CHL -22%	HUN 19%	RUS -3%	KOR -13%	KOR -8%	CHL 13%	CHL 40%
	RUS 70%	CHL 25%	ZAF 24%	POL 35%	POL 23%	POL -56%	KOR 69%	RUS 17%	BRA -25%	ZAF 15%	IND -5%	CHL -15%	CHN -10%	KOR 7%	HUN 37%
	ZAF 40%	KOR 20%	POL 21%	HUN 31%	CHL 21%	BRA -58%	ARG 61%	POL 13%	POL -33%	RUS 10%	ZAF -9%	POL -17%	CHL -19%	ARG 4%	IND 37%
	POL 33%	IND 16%	CHL 18%	CHL 26%	ZAF 15%	HUN -62%	CHN 59%	BRA 4%	HUN -35%	CHL 6%	HUN -9%	BRA -17%	POL -27%	CHN -1%	ZAF 33%
	KOR 33%	RUS 4%	CHN 16%	ZAF 17%	HUN 13%	IND -65%	ZAF 53%	CHN 2%	IND -38%	BRA -4%	BRA -19%	HUN -30%	ZAF -27%	POL -2%	BRA 21%
低 ↓	HUN 31%	CHN -1%	HUN 16%	KOR 11%	ARG -5%	RUS -74%	POL 37%	HUN -11%	ARG -43%	ARG -39%	CHL -23%	RUS -49%	BRA -43%	IND -3%	RUS 0%

ARG：阿根廷　　BRA：巴西　　CHL：智利　　CHN：中國　　HUN：匈牙利
IND：印度　　　KOR：韓國　　POL：波蘭　　RUS：俄羅斯　　ZAF：南非

資料來源：IFA.com。

的話，簡直就像亂數一樣，要挑出下一個資優生簡直難如登天——也正是因為難以預測，所以投資人最好選擇全球分散的配置，別將籌碼全押在單一市場中。

　　一般人很難挑到下一個表現最好的市場，當想挑出表現最好的那一個時，往往結果跟你想的不同。

　　就算想依據資產類別來選擇，結果也是——每年表現最好的都

不一樣。如果你在 1998 年選擇表現最好的美股大型股指數（LC），接下來迎接你的是每況愈下：從 2000 年到 2006 年，連續 7 年幾乎墊底！（見圖表 5-8）

　　為什麼不投資我們熟悉的台股市場就好？答案是分散投資到不同資產，可以擺脫「押錯寶」的問題，甚至可以從年化報酬率僅 2.6％的後段班散戶，晉升為年化報酬率至少 6.1％的投資優等生。

　　由於不同國家的政經情況相當複雜，所以精準挑選出未來最有潛力的單一市場，簡直是妄想；而正因為我們不知道未來最優的標的或市場是什麼，才需要以分散投資的方式來彌補這個缺憾。

　　全球性分散投資能降低錯估個股、經濟體、價值面評比，或者

圖表 5-8　從 2000 年到 2006 年，大型股的表現幾乎墊底

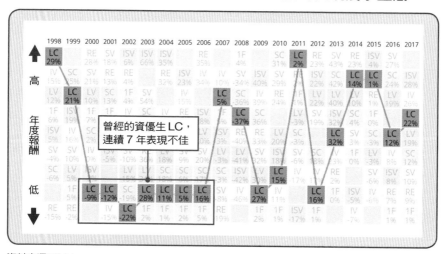

資料來源：ifabt.com。

泡沫與崩盤等風險，也能保護投資人免於因集中持有某些長期經濟表現不佳的標的而受到損失，但這需要耐心，因為要長期以後，效果才能顯現。

全球分散投資是一種穩健的風險控制手段。分散投資代表你願意承認兩件事：一、自己不知道未來將發生什麼事；二、不知道單一個市場能否永遠保持領先地位。

班‧卡爾森（Ben Carlson）在著作《投資前最重要的事》（*A Wealth of Common Sense*）中舉日本為例：1980 年代時，世界各地幾乎所有人都預測日本將取代美國，成為世界經濟強權。在當時很多人眼中，這個發展並非不可能，因為從 1960 年代起，日本的股票投資報酬率每年都超過 20%。

如果當初只投資自己熟悉的本土投資組合，接下來從 1990 年代開始的近 20 年間，就承擔了每年報酬率不到 2% 的風險；當然，如果你夠幸運，在 1970、1980 年代投資日本的話，則有 20.5% 的報酬率，這意味著你的資金每三年多就增加一倍（見圖表 5-9）。

圖表 5-9　日本本來有望成為新的經濟強權，卻突然崩盤

報酬地區 年分	美國	太平洋地區 （主要由日本企業組成）
1970 ～ 1989 年	9.5%	20.5%
1990 ～ 2014 年	11.5%	1.4%

但是，你真的想冒險把畢生積蓄，投資到類似日本那樣的境況裡嗎？採用全球分散投資，能保護你免於因單一國家或單一市場經濟股市崩潰，而受到傷害。

投資熟悉市場不能成為你的唯一，透過日本當年投報率大幅下降的例子，建議你一定要分散投資到世界各地。

讓錢免於通膨侵蝕的唯一方法

除了市場本身變動之外，通貨膨脹也可能侵蝕你的獲利。雞排、便當、珍珠奶茶，是不是一直在漲價？以前一片雞排只要 35 元，現在要 55 元；雞腿便當從 75 元漲到 95 元；珍珠奶茶從 35 元漲到 55 元……像這樣，你要花更多錢，才能買到同樣的東西，這就是通貨膨脹的現象之一。

放到投資來說──通貨膨脹，會侵蝕投資組合的購買力。

透過圖表 5-10 我們可以看到，最底部代表**通貨膨脹**的灰色區塊會侵蝕掉部分獲利。從長期統計期間來看，股票（小型股接著是大型股）是贏過通貨膨脹率最多的一項投資，接著是國債券和短期國庫券（短期投資）；股票因為成長性高，成了最佳的進攻部隊。

舉例來說，如果全部的資產都投資在債券上，那麼假設接下來 5 年的通貨膨脹率都維持在 2%（每一年的購買力都只剩前一年的 98%），那麼 5 年後，購買力會變成 9 成（98%×98%×98%×98%×98% ≒ 90.4%），也就是原本的 100 元，只夠買 90 元的東西。

圖表 5-10　通膨對小型股、大型股、國債券、短期國庫券的影響

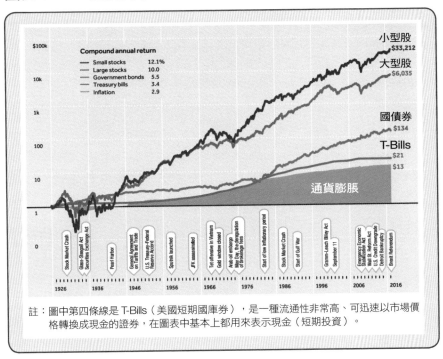

註：圖中第四條線是 T-Bills（美國短期國庫券），是一種流通性非常高、可迅速以市場價格轉換成現金的證券，在圖表中基本上都用來表示現金（短期投資）。

資料來源：晨星網站。

　　既然都知道通貨膨脹會侵蝕獲利了，那麼即使債券擁有良好的防守能力，但會隨著時間慢慢貶值也是不爭的事實。身為理性的投資人，與其死守著固定比例的固定標的，適時調整自己的資產配置，才是抵抗通膨的最佳途徑。

3

資產配置也非萬能，
有三個無法和一個小心

　　雖然多元化的資產可以降低整體投資組合的風險，但我也要很誠實的說，無論資產配置多麼多元、再怎麼把風險降到最低，都**無法將風險歸零**。

　　除此之外，資產配置也無法讓投資人減低投資成本、無法完全消除管理風險，且要小心區域性風險：

一、無法完全消除市場風險。

　　市場風險是當市場整體上漲或下跌所產生的波動，做好資產配置，不代表投資組合就可以不怕下跌、一飛沖天。

　　利用股債 ETF，短期間市值仍然會起起伏伏，如果持有時間越短，市場風險對我們的影響就越大；但長期來看，整體市場是上漲的。因此持有的時間越久，越能減低市場風險，試著至少持有 10 年，市場風險就能大幅度降低。

二、無法讓投資人減低投資成本。

　　資產配置仍然要付出投資成本，但我們要對好的服務付出合理**費用**，而不是無所謂的付出高額費用。相對於每年付出 2％至共同

基金，ETF 所組成的資產配置，可以用合理價格拿到市場該有的平均報酬。

三、無法完全消除管理風險。

基金管理好壞，決定我們可以拿到多少報酬，好的經理人基金績效好，讓我們賺得比市場平均還要多，但差勁（混水摸魚）的經理人也可能讓我們虧得比別人多——這就是管理風險，尤其在主動型基金特別常遇到。

管理風險主要存在於主動式投資中，而有效消除管理風險的方法，得靠被動追蹤市場指數的指數型基金與 ETF，直接讓報酬穩定在市場的平均值，避開嚴重落後市場的風險；若你的資產配置中全是主動型投資，那麼管理風險自然很高。

四、小心區域性風險。

只投資新興市場 ETF 搭配債券 ETF，或是只投資金融股 ETF 搭配債券 ETF，雖然也符合資產配置的原則，但這類型搭配債券的投資都會提高區域性風險，讓整體資產走勢隨著單一方向變動。畢竟只投資特定區塊的話，萬一那產業／區域衰退，那麼即使分散再多公司也沒有用。

如果投資於特定的產業或是區域，那麼風險將會因為過於集中而提高，這也是為什麼我建議配置要分散到多個區域、多個市場。最廣的配置為全球股票市場配置，與全球股市共存亡，一旦真的下跌了，那麼我想幾乎所有投資都無一倖免。

4

我的投資計畫檢查清單

　　目前我的資產配置是基於我的職業、年紀，以及未來生涯目標進行規劃。

　　我目前是警察，雖然職業風險比一般公務員高，但仍屬於公務員，即使不景氣，被裁員的機率也相對來得低。

　　再者，目前的收入具有高度可預期性，工作保障相對較高，因此，我未來的財務生活其實可以承擔一些風險，**包括配置較多比例在股票上**。

　　我一畢業就開始投資，距離我退休還有二、三十年，在有工作收入的狀況下，**我不需要從投資組合中提領本金**，配息也用不到，所以這些錢都能拿去投入到投資市場，也能增加自身能力，提升自己的人力價值。

　　我的優勢在於我距離退休還有很長一段時間（我目前還不到30歲），我能充分利用長期投資所帶來的優勢，利用時間來賺錢。

　　但**我的劣勢**在於工作時間長，而且薪水的高低與加班時數、所在職位有關係，工作的成長性也有限。

　　即使未來可能會遇到很多股市不好的年度，但我可以採取「時間換取空間」的方式，利用持續工作帶來的收入，定期投入本金來

達到低檔加碼的效果。

如果你的職業收入跟我一樣具有類似特性，那麼你採取的資產配置可以與我雷同；但如果你身處在會受景氣影響的產業，那麼你必須更保守。例如在市場衰退期間，你的產業可能會出現裁員潮、減薪、停薪等情形，那麼你的資產配置就得保守一點，投資較多債券，不過償債金額占收入的比例也不能太高。

我認為**投資計畫的重點在於：你想過怎樣的人生？**你的答案，牽涉到你的錢該如何規劃。況且並不一定要跟別人走同樣的路，你也可以有自己的想法，因此，替自己規劃保有彈性的投資計畫，會比硬照著 SOP 來得更好。

資產配置的一開始，你需要先回答一些常見的問題，按部就班回答這些問題後，我們就能更順利的分配金錢，讓這些錢走在會成長的路上。

我不建議你去預測未來哪樣東西會表現得比較好，於是投資這個；反而建議你採取廣泛分散的方式，買進並持有大部分標的。

依照我的經驗，根據近期績效而選擇頻繁買賣的人，經常在時機最差的時候忍不住賣出，結果在賣出之後這些持股反而峰迴路轉，從谷底反彈；更慘的是，新買進的標的報酬也相對遜色，忙了半天落得兩頭空。

下頁開始是我個人擬訂投資計畫的步驟，大家可以先在腦中把我設定的問題想一想，將答案寫下來，邊做邊調整。

一、設計投資計畫書。

為什麼要做計畫書？通常投資計畫的執行率少於 5 成，不到一半的人會照著計畫執行，寫下計畫一方面告訴自己這是認真的，關乎未來能不能過得很好，一方面也讓自己免於拖延心理或懶惰。

資產配置過程中還需要考量許多因素，例如我們的薪水收入、職涯規劃、年紀、投資時間長短、家庭因素、投資目標、健康狀況等，其中最重要的兩點為：**投資目標**以及**時間長短**。

寫下為什麼要投資、目標是什麼、預計投資多久，這麼做的用意是釐清目標，釐清自己為什麼要跨出投資這一步。我們還要確定投資目標的輕重緩急，也許存錢是為了退休，也可能是存學費、房屋頭期款，或是累積資產，不同的目標需要搭配不同的投資方式。

在投資期間，投資報酬會起伏不定，為了避免不理性的行為，我們至少要對投資時間長短有概念。當持有時間架構越長，就能多配置一點股票，例如替幾十年後的退休做準備；對短期目標來說，最好多配置貨幣市場基金、短期債券、定存、現金等。

● 長期目標：多配置股票
● 短期目標：多配置貨幣市場基金、短期債券、定存、現金

我們真的了解自己能忍受下跌多少、持續低迷多久嗎？低買高賣，絕對是「用說的很簡單」的一種口號，實際遇到的時候，「灰心、難過、早知道」，各種負面情緒會不定時的湧上心頭，一不小

心，我們可能就會打開下單介面，把處於低檔的資產賣掉了！為了避免這種「殺在低檔」的情況，該如何做好準備呢？首先是掌握情緒，預測自己的可能反應。面對風險時，我們會如何應對？會變得緊張嗎？當大盤一個晚上下跌 5％以上，會手足無措，還是覺得這只是正常能量釋放，當成過眼雲煙？

　　一個好的執行計畫，還要設想未來可能遇到的情況，以及遇到時的應變方案。例如當大跌時要怎麼辦？大漲時怎麼辦？偏離原來配置怎麼辦？要偏離多少才調整？

　　上路之後，我們需要有紀律的執行一開始設定的計畫；過程中，如果投資目標改變或是風險承受能力有變化，就必須適時調整，畢竟情況一旦改變，原來擬訂的計畫可能已經不適合自己。

　　投資計畫的後半部，是如何花這筆錢、每年領出多少的提領計畫，思考自己該怎麼做，才能延長提領時間。

　　通常提領金額可以設定在每年 3％～ 4％，這樣既能維持投資組合成長，又不會花費過多。當本金越大，即使提領百分比很少，但實際提領金額仍然很高，所以要盡量追求**整體資產的成長**，而不是很高的配息率。

　　對照下頁投資計畫範例，如果最後算出的預計達標時間（問題 26）比你預期的還久，那麼你可以降低目標金額（問題 3）、延後用到這筆錢的時間（問題 4），或者是提高高風險資產的比例（問題 13）。

　　如果最後算出的預計達標時間比預期還短，那麼就可以開始執行這個計畫，並定期檢查，然後隨時調整。

投資計畫檢查清單範例		
問題項目	我的回答	達成打 V
1 我的年齡？	30 歲	
2 我的投資目標？	希望累積退休金	
3 這個目標需要多少？	退休時有 1,500 萬	
4 我什麼時候需要這筆錢？	30 年後	
5 我現在每個月可以存多少？	每個月可以存 2 萬	
6 相當於每年可以存多少？	每年相當於 24 萬	
7 不投資、光靠儲蓄的話，要存幾年才能存到？	1,500 萬 ÷ 24 萬／年＝ 62.5 年（太久了，必須投資）	
8 是否需要靠投資加速？	☐否：靠定存即可 ☐是：計畫清單繼續	
9 這筆錢可以投資幾年不賣？	40 年	
10 我的風險承受度：下跌多少%就睡不著？	下跌 40%	
11 我的風險承受力：缺錢時能借多少錢？	信用良好，約能借到 40 萬	
12 急用金是否準備完成？	有準備半年的生活費了	
13 我想配置多少%在高風險資產（股票）？	70%	
14 高風險資產要用哪些 ETF？	VT（股票 ETF）	
15 我想配置多少%在低風險資產（債券）？	30%	
16 低風險資產要用哪些 ETF？	BND（債券 ETF）＋現金	
17 我需要衛星配置嗎？	暫時不需要	
18 我要預留多少比例的現金危機入市 （按：選行情不好時買股，等待日後的上漲）？	不預留	
19 我的投入策略？（定期定額／不定期）	定期定額	
20 我的提領計畫？（一次提領／分批提領）	暫不提領，繼續投資	
21 我的券商選擇？（國內券商／複委託／海外券商）	海外券商第一證券	
22 再平衡（按：調整資產配置狀況）策略： 多久平衡一次？偏離多少要再平衡？	每年初再平衡； 偏離 5%就平衡	
23 大跌時要怎麼辦？	大跌時，賣債券 ETF 買股票 ETF	
24 我的資產配置是？	70% VT ＋ 30% BND	
25 投資組合的預期報酬是？	70% × 6%＋30% × 2.5% ＝ 4.95%	
26 利用財務函數 NPER（見下頁），預計幾年達標？	29.2 年	

● PG 入門筆記

　　財務函數 NPER 是 Excel 中一個公式，可以用來計算投資計畫中，預計達標的年數。以上頁的狀況為例（利率 4.95％、每年可存 24 萬、現值為 0、最終目標是 1,500 萬、每年年底存錢），操作方式如下：

1 打開 Excel，點選「公式→ NPER」，隨後會跳出「函數引數」的視窗。

2 依序將數值填入 Rate、Pmt、Pv、Fv、Type 的欄位。

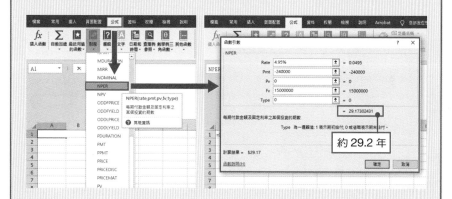

　　Rate、Pmt、Pv、Fv、Type 分別表示各期利率、各期應付金額（恆為負數）、現值、付款完成後總值、期初或期末給付（期初為 1，期末為 0）。依投資計畫範例的數值，空格依序填入「4.95％、-240000、0、15000000、0」（數字不用加半形逗號），最後結果即為預計達標年數（29.17302431，約 29.2 年）。

二、決定資產的比例。

規劃投資組合的第一步，是「了解自己」：

1. 先衡量自己的風險承受力，你覺得你能承受多少損失？（通常沒你想像的高）。

2. 決定風險資產與安全資產之間的比例，例如股債比。

3. 要知道計畫與時間之間存在巨大差異。

資產有兩類：高風險高報酬、低風險低報酬，這兩者的配置比例決定了投資組合的表現；高風險或低風險並非只能擇一，而是要考量自身狀況，決定兩者應該設定怎麼樣的比例。

一開始高風險資產的比例最好不要太大，因為如果不小心蒙受巨大損失而永遠退出市場，將永遠無法彌補這損失。

高風險資產包括：股票、長期債券；低風險的資產則有：現金、短期且高評等的國庫券、定存。

如果錯估自己的風險承受能力，不小心讓投資組合中隱含的風險超出自己的承受力，投資者很可能會在時局不佳時放棄整個投資組合，賣在最低點。此外，還要考量到未來的報酬率可能不如過去，在股票報酬與債券報酬差異不大的情況下，更不應該全數投資股票。

債券部位應該配置多少？股債比配置可以用「年紀」、「絕對金額」（實際收支金額）來決定。像我自己是利用「年紀」當作主要參考，隨著年紀增長，逐步調高債券 ETF 的比例。如果我的固定薪資收入減少，我也會逐步調高債券 ETF 的比例。

　　二十多歲時，思及風險承受度高，我就配置 20％的債券；等到三十幾歲，我會視情況把債券比例調到 30％。目標是這些債券配息的收入能夠逐漸接近我的生活開銷，以及股票的資本利得能夠越來越接近我主動投入的本金。

　　你也可以利用配息的「絕對金額」，來決定要放多少本金在債券上面。什麼意思？就是債券**每個月配給你的利息，必須能支付基本生活費**，那麼你光靠債券的配息，就可以有基本的生活保障，至少吃飯跟住宿不用煩惱，安心感會高很多。

　　三、配置全球性的投資組合。

　　這邊要思考的是：在決定股債比後，如何配置投資區域的比例？以及實際執行後，比例變動的話該怎麼辦？

　　1. 開始投資之後的定期再平衡。

　　「再平衡」是賣出相當數量的高獲利資產（股），再買進相當數量的低獲利資產（債），讓兩者的配置狀況回復到原始比例。

　　每進行一次再平衡，就可以讓資產回復到原先的比例，事實上也就是賣高買低。

　　2. 配置前後的思考。

　　各國的比例要如何分配？選擇以市值加權或是等比例配置？應該配置多少資產投入美股？多少資產投資國際股市？多少資產投資台股？我們決定的這些投資目標，有哪些對應的低費用工具？

四、考量股票與價值。

決定投資多少以及怎麼配置股債比，已經完成了資產配置的80％，對於投資沒興趣或是不希望花費太多時間選擇的投資人來說，只要挑選全球股市搭配短期債券即可。

剩下的 20％，就是思考小型股或價值型股票、成長型股票（Growth Stock，按：成長股是指那些具備持續競爭能力，成長潛力巨大的公司股票。持有這類股票，能夠分享上市公司成長過程中帶來的利益）的配置。

要配置多少，取決於能夠承受多大程度的追蹤誤差，因為小型股或是價值型股票很可能長期落後大盤指數，有時候甚至會長達 10 年，例如 1990 ～ 1999 年之間（見圖表 5-11）。而且當你的配置狀況距離標普 500 指數越遠，投資組合就越容易脫離控制。

五、是否額外投資產業類股？

其實投資全部市場後，各種產業都能投資到，如果想透過產業類股提高獲利，則需要投資未來收益最高的產業，在這方面你需要很多的專業研究以及運氣。

投資特定產業的風險在於，目前豐厚的產業，在下個世代可能會是被棄如敝屣的淘汰者。

不過我認為仍有兩個產業值得注意，分別是**不動產投資信託**以及**貴金屬**。貴金屬只是後備選項之一，如果你真的難以理解，就別投資這類商品。

貴金屬在歷史上的報酬相當低，只略高於通貨膨脹幾個百分點，且波動性很大，但值得投資的三種理由如下：

1. 投資貴金屬的報酬，幾乎和其他金融市場沒有連動關係。
2. 即使通貨膨脹猛然抬頭，投資貴金屬還是能夠獲利。
3. 這類型資產的隨機波動性，通常可以透過投資組合的再平衡而有所減緩。

圖表 5-11　1990 ～ 1999 年，小型股或價值型股票落後大盤指數

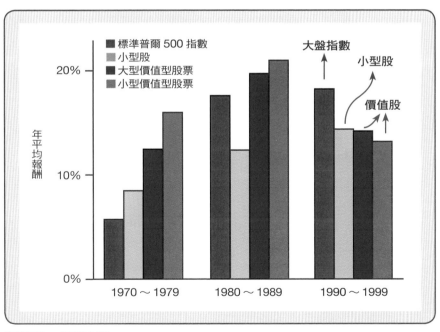

資料來源：《投資金律》。

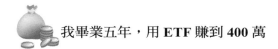我畢業五年，用 ETF 賺到 400 萬

我們最後再複習一次擬定投資計畫的步驟，希望大家能順利擬出最適合自己的投資計畫：

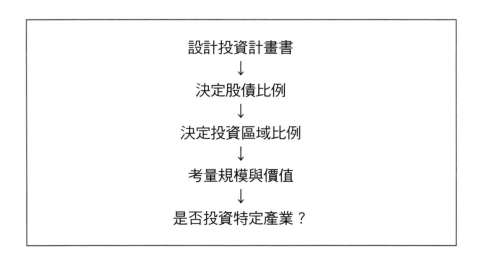

設計投資計畫書
↓
決定股債比例
↓
決定投資區域比例
↓
考量規模與價值
↓
是否投資特定產業？

5

資產配置關鍵字，
簡單照做就能賺

接下來，我再說說幾個不同的配置狀況，供各位讀者參考。

案例一：謹慎的 30 歲單身漢──明儒。

30 歲的明儒計畫存下自己的退休金；由於還是青壯年，目前工作待遇也不錯，思及距離退休還早，他認為自己可以持有的時間架構算長，基本上，可以把股票當作主要配置。

然而，考量到自己能承擔多少風險時，明儒知道自己比較容易想東想西，之前也沒有什麼投資經驗，都是把錢存在銀行而已，從未買過股票、基金，甚至連儲蓄險也沒有，講白一點，明儒就是一個投資新手。

讀過一些資料後，他知道未來股市很可能會下跌，但他不知道是什麼時候，只知道景氣總會循環，股市不會永遠上漲，於是他決定先保守一點，慢慢累積經驗，邊存錢邊調整自己的資產配置。

最後，明儒決定先從最保守的配置 —— 二股八債（股債比 20％比 80％）開始，這樣他既可以開始投資，又可以安心的睡覺。

從這個例子我們可以看到，雖然明儒還很年輕，而且決定長期投資，但不見得要分配較多占比在股票上，「個性」也是決定資產

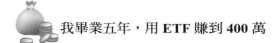

配置的一大因素。

配置類型關鍵字：謹慎保守、長期投資、投資新手、20% 股＋80% 債

案例二：收入不穩定的 40 歲雙薪夫妻——家豪、淑芬。

40 歲的雙薪夫妻家豪、淑芬，兩人希望能存點錢，準備在 20 年後退休，預計退休年齡在 60 歲上下。

他們初步構想是把 70％的資產投入到股票 ETF，剩下的 30％ 投入到債券 ETF。

由於家豪的收入比較不穩定，有淡旺季的區別，大部分收入來源都是旺季貢獻的，淡季則幾乎沒有，兩人整體收入呈現波動起伏的狀態，所以他們比較擔心這樣的情況，會不會影響到兩人的財務狀況。

對於這種不確定性較高的案例，家豪、淑芬兩人可以只將 50％的資產投入到股票 ETF 上，40％的資產投入債券 ETF，預留 10％的資產給短期投資，增加現金、定存單以及短期債券等變現容易的資產。

配置類型關鍵字：收入不穩定（波動起伏）、50%股＋40% 債 +10%短期
　　　　　　　　投資

案例三：60 歲、正在享受退休生活──哲瑋、可欣。

剛退休的夫妻哲瑋、可欣，起初構想的資產配置為股債比 30％比 70％，不過由於本身準備較為充裕，退休後的收入來源也相當多元（除了自己準備的退休金外，公司也提供足夠的退休給付），因此他們希望能將多餘的錢留給孫子。

基於孫子還小，預計需要動到這些錢的日子還久，哲瑋、可欣決定採取積極一點的配置：股債比 50％比 50％，希望可以透過長期持有風險資產，獲得高一點的長期報酬。

配置類型關鍵字：退休、積極、50% 股＋ 50% 債

綜合上面三個案例，我們可以看出資產配置的幾個常用思考點為：**預期投資長度、面對上漲下跌的反應、目前與未來的收入來源狀況、預期未來需要多少錢才能達成目標。**

透過這些自問自答，我們便可以逐步釐清問題，嘗試自行進行風險控管。

第六章

讓你每晚安心睡覺的
永久投資組合

1

核心配置加衛星配置，
市場漲跌你都安心

　　我把 ETF 的資產配置分為兩種：**核心配置**以及**衛星配置**。核心配置要在投資組合中占主要部位，也就是你大多數的錢要放在核心配置上，以確保投資組合能有穩定發展；衛星配置則是依據你的喜好、買入你看好的標的，讓你用少部分的錢來驗證自己的想法。

　　作為核心配置的投資組合，要以大範圍、低成本、被動追蹤大盤的股票 ETF 加上債券 ETF 為主，並占總體投資組合至少 50％以上，甚至可上調至 90％或 100％。

　　衛星配置則讓你依據自己對經濟情勢的判斷，來配置你認為有潛力的投資項目，例如個別區域 ETF、產業 ETF，甚至是個股。**越重要的錢越要用核心配置來規劃**，而不是捨本逐末，為了追求收益忽略風險，反倒以衛星配置為主。

定期定額的最大目的：增加可投資金額

　　一開始，不難想像你仍會對指數投資半信半疑，難以相信投資股市居然可以不選股。不過沒關係，我們先做個小實驗就好──身為小資族，你可以把每個月定期存下的幾千元只做核心配置，定期

定額投資 0050 零股（頻率要每月、每季、每半年還是每年，都可以），將 0050 定位為進攻部隊，再搭配現金、定存作為防守部隊。

　　這樣的投資組合門檻低、容易上手，而且下單界面也是你最熟悉的國內券商中文服務，大幅降低你可能會有疑惑的地方，就算真的有問題，跟客服也好溝通。

　　至於為什麼選擇小額定期定額呢？**零股交易門檻低**，只要買 1 股（幾十塊到幾百塊）就能入門；定期定額，只要**每月可投資金額有 1,000 元即可開始**（大多數券商設定的定期定額門檻都是這樣，不過如果是自己用零股買入的話就不限金額），接著設定一個簡單的存錢目標，堅持個 5 年、10 年，一定會累積不少私房錢。

　　如果投資金額不多時，建議累積幾個月後再投入，這樣一來不用反覆多次下單，除了節省成本，也省下自己的時間。

　　這個階段的首要任務是**增加自己的可投資金額**，或許你薪水很高，但總是不知道錢都花到哪邊，那麼可以試著記帳兩、三個月，熟悉自己的花錢習慣，分析自己容易在哪方面衝動消費──可能是 3C 產品，也可能是化妝品、名牌包等──了解自己的消費習慣，針對薄弱處改善，你會發現自己其實可以存下更多錢！當可投資金額增加，投資效率也會更好。

　　從小金額開始還有另一個優點，就是由小地方開始累積投資經驗，面對虧損時壓力也不會太大。

　　或許有些朋友會糾結在到底要多久投資一次呢？其實只要有規律，就不必局限在到底要每月投資還是每季投資，而是把重點放在累積本金上，朝著「本大利（報酬率）小，利（報酬）不小」的

目標邁進。

在美國，只要 1 股就能在盤中即時交易，並沒有規定投資人一定要滿足特定門檻才能投資 ETF；台股則是自 2020 年 10 月 26 日開放普通交易時段（上午 9 點至下午 1 點 30 分）也能買賣零股，只要持有 1 股，就能像美國一樣在盤中即時交易。

即使初始投資金額不高，但每月投資幾百元、幾千元，還是能從 0050 開始學習股市投資。只買這一檔 ETF，便是最簡單、最方便、最適合入門練功的投資方式。

事實上，若採用定期定額（利用 MoneyDJ 理財網的試算，網址為：https://www.moneydj.com/etf/x/Tool/Tool0001.xdjhtm，會出現的結果如圖表 6-1 所示，每日以當日收盤價作為交易價格），從 2003 年 7 月 1 日到 2019 年 7 月 1 日，每月定期定額投資 3,000 元到元大台灣卓越 50 基金（0050），雖然年化報酬降低一點變為 7.05％，但只需要投入本金 57 萬 9,000 元，這每月一點一點的錢會累積成 172 萬 3,343 元，而總報酬是 197.64％！

還不只這樣，這 21 張（21,023 股，每 1,000 股為 1 張）的 0050 每年還可以領取兩次股息（2019 年總共可領 3 元股利，第一次每股發 2.3 元，第二次發 0.7 元）。

以最近一年配息來舉例，你能有每股 3 元的現金股息，就表示你持有的 21 張 0050 會發 6 萬 3,069 元（3 元 ×21,023 股）的現金給你。只要我們把配發的六萬多元再拿去買 0050，又可以獲得更多股息，讓你的資產源源不絕並且自動長大。用錢買股、用股生錢、再去買股，這一連串的流程便是用錢賺錢的複利效果！

圖表 6-1　定期定額投資 0050，報酬率試算結果

投資標的	0050.tw
每月投資金額	新臺幣 3,000 元
投資時間	2003/07/01~2019/07/01（共 16 年）
累積投資金額	新臺幣 579,000 元
股利金額	新臺幣 363,616 元
總持有股數	21,023.8070 股
手續費支出	新臺幣 0 元
總投資成本	新臺幣 579,000 元
資產終值	新臺幣 1,723,343 元（含 442 元現金）
損益金額	新臺幣 1,144,343 元
總報酬率	197.64%
年化報酬率	7.05%

註：因為是試算過去報酬，所以收盤價是以各天狀況而定，沒有一個絕對的收盤金額。

資料來源：MoneyDJ 理財網。

從國內 ETF 跨足國外 ETF，一樣有入門款

　　對於 ETF 指數投資有經驗後，你可以保持原來方案（持續定期定額投資 0050 零股），或是利用國內的複委託或者開立海外證券帳戶買進 VT 投資全球、買 VTI 投資美股等等，開始投資海外

ETF，進行更分散的投資。一樣記得可以搭配現金、定存、債券ETF 作為防守部位，完善你的資產配置。

從國內 ETF 跨入海外 ETF，我推薦由 Vanguard 全世界股票ETF（VT）開始累積經驗，因為只要買一檔 ETF 就能達到很高的分散程度，而且 VT 每年收費持續調降，流通性、追蹤績效的水平也很高。

我不推薦你投資特定產業 ETF，或是只投資特定國家 ETF。記住，長期投資的目標，是要用低成本的方式建立近似於整體股市的投資組合，以此取得大盤報酬。

《我用死薪水輕鬆理財賺千萬》（*Millionaire Teacher*，大是文化出版）的作者安德魯·哈藍（Andrew Hallam）建議我們在投資帳戶中，應該有一檔債券指數型基金（比例應和你的年齡相當）、一檔本國股市指數型基金，以及一檔國際股市指數型基金（投資在股市上的金額均分於國內股市指數與國際股市指數），追求指數化投資。

投資後應適當調整比例以保持平衡，當股市指數狂飆時，不要投入太多新資金追逐漲勢，而是要將新資金投入債券市場。

雖然這樣做很違反直覺又很痛苦，但這其實就是「再平衡」，讓我們在機械式的買低賣高之餘，還可以讓投資組合回復到原先設定的股債比。

為了獲得全面的多元化收益，在核心配置上建議你的股債比設為 60％比 40％，股票部分至少配置 30％的美國股票，將另外30％的股票部位投資到國際股票（美國外），其餘 40％的債券部

位則投資到高評等的政府債券上。

　　剩餘的衛星配置因人而異，主要是以低成本 ETF 來補足核心配置未能投資的領域，例如加強房地產、公司債，或是特別股等。當然，這些選項和數字的比例僅供參考，千萬別把我的建議當成標準答案。

2

小資族最佳投資平臺——
零股定投 0050

許多毫無頭緒的新手投資者多半會從 0050 入手，沒想到一查才發現——天啊！一張 0050 居然超過 9 萬（截至 2019 年 11 月 29 日的收盤價〔91.50 元〕）！

買不起沒關係，零股就是你的救星！

改成買零股的方式，只要不到 100 元，就可以進場投資台股 ETF，根本不需要存到九萬多元才能開始投資。

一般股票的交易單位為 1,000 股，即所謂的「一張」；未滿 1,000 股（一張）的交易單位就是零股，每筆零股買賣委託量不得超過 999 股（含）。

世界第八大奇蹟：複利的力量

買零股最重要的目的，就是降低長期投資 ETF 的門檻，讓投資這件事更貼近大家的需求。許多券商已推出定期定額方案，我接下來會以元富示範如何申請。

假如我們將持有時間拉長，絕對能提升投資正報酬的機會，也可以透過每年的配股配息，將股利再投資，配合時間產生複利。

步驟教學

1 選擇臨櫃開立證券帳戶，或是下載「元富開戶 Easy Go」App 線上開戶，這我們已經完成（詳見第三章）！

2 先到元富網站首頁的憑證中心，登入後在電腦或手機安裝元富證券「有效憑證」。憑證可以保護帳戶的資料安全，既讓投資人可以更安全的下單，還能減少帳戶資訊外流的風險。

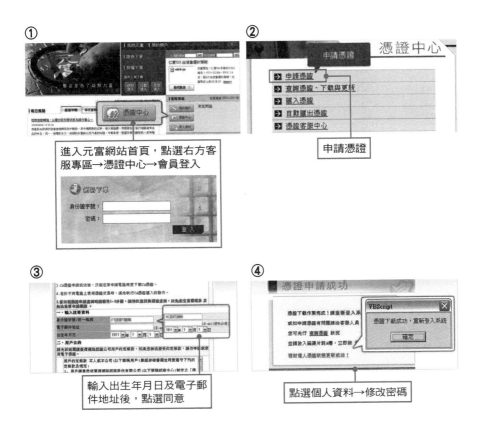

①
進入元富網站首頁，點選右方客服專區→憑證中心→會員登入

②
申請憑證

③
輸入出生年月日及電子郵件地址後，點選同意

④
點選個人資料→修改密碼

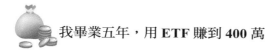

3 如果你使用電腦，登入「元富小資零股理財平台」（左圖）；使用手機的話，登入行動版 App「元富 i 理財」（右圖）。

4 勾選並簽署「零股定期定額同意書」。

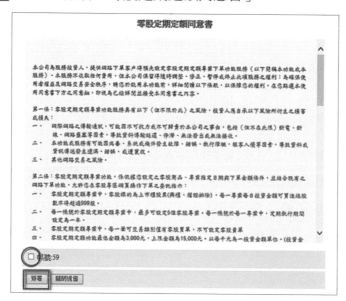

5 自行設定零股專案條件，包括投資標的、委託日期、每月投資金額。其中委託日期，每月每日皆可選擇；每月投資金額最低是 1,000 元，最高投資金額則是 1 萬 5,000 元。

6 買進價格共 5 檔價位。

例如以當日收盤價買進、或以當日收盤價往上加價 1 檔至 5 檔價位，或者是當日漲停價。每檔股票 1 檔的價格不同，例如 15 ～ 50 元股票股價的 1 檔是 0.1 元，51 ～ 150 元股票股價的 1 檔是 0.5 元（按：這裡的 1 檔價位是股價跳動單位，例如 1 檔 50 元的股票，一次跳動是 0.1 元，故不會出現 50.05 元這種價格）。

7 確認小資零股專案委託明細，最後確認交易委託明細，定期追蹤。

序號	委託下單期間	專案名稱	執行狀況	股票代號	股票名稱	委託價格	委託股數	委託明細
1	2018/05/15 ～ 2018/05/21	購屋基金豪宅	已執行	0050	台灣50	當日漲停價	可委託金額 / 當日委託價	明細
2	2018/06/15 ～ 2018/06/21	購屋基金豪宅	已執行	0050	台灣50	當日漲停價	可委託金額 / 當日委託價	明細
3	2018/07/16 ～ 2018/07/20	購屋基金豪宅	已執行	0050	台灣50	當日漲停價	可委託金額 / 當日委託價	明細
4	2018/08/15 ～ 2018/08/21	購屋基金豪宅	已執行	0050	台灣50	當日漲停價	可委託金額 / 當日委託價	明細
5	2018/09/17 ～ 2018/09/21	購屋基金豪宅	已執行	0050	台灣50	當日漲停價	可委託金額 / 當日委託價	明細
6	2018/10/15 ～ 2018/10/19	購屋基金豪宅	已執行	0050	台灣50	當日漲停價	可委託金額 / 當日委託價	明細
7	2018/11/15 ～ 2018/11/21	購屋基金豪宅	已執行	0050	台灣50	當日漲停價	可委託金額 / 當日委託價	明細
8	2018/12/17 ～ 2018/12/21	購屋基金豪宅	已執行	0050	台灣50	當日漲停價	可委託金額 / 當日委託價	明細

● PG 入門筆記

0050 這麼貴，還能買嗎？

在問這個問題之前，我們要先思考 0050 到底多貴算是貴？這其實跟我們一開始看過 0050 曾經的最低價有關。

如果我們從 65 元看到 90 元，上漲 38％，就會覺得 90 元相較之下很貴；可是當我告訴你，0050 曾經低到每股 35 元，你又會覺得 65 元也算貴的了。

也就是說，一旦我們看過比現在更便宜的價格，無形中就會在腦中和現在的價格相比較——這稱之為「錨定效應」，意思是當人們需要評估某項事物時，會把某個數字當作起始值，這個起始值會像固定船隻的錨一樣，制約後續的估計數值。

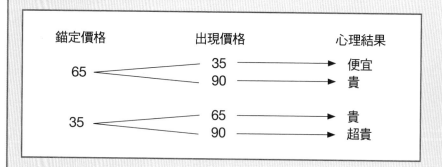

但投資看的是未來，應該評估的是未來發展，而不是糾結在過去曾經多便宜。

　　0050 股價降低，也可能是反映成分股未來盈餘成長不如預期，所以低價未必好；0050 股價上漲，也許是反應成分股未來盈餘成長、股息分紅超乎預期，所以高價未必差。

　　許多人總說：「0050 跌到多少錢我就買！」可是你想想，要是 0050 下跌到 35 元，得下跌 62％，累積下跌了那麼多，你真的還有勇氣買嗎？最後可能還是猶豫不決，遲遲無法開始投資計畫。

　　價格高低取決於主觀想法，沒有誰對誰錯；覺得 0050 貴的投資人，一樣可以持續買進，並依照自己的情況買少一點，因為長期來看，台灣前 50 家企業還是會持續成長，0050 本來就是會越來越貴。

　　記得，永遠要讓自己參與在市場當中，千萬不要覺得自己能夠抓準每次進出場的時機，因為你終將被你的情緒所擊敗。

我用 2 檔 ETF 做投資組合，年報酬率 20%以上

　　史蒂夫・賈伯斯（Steve Jobs）曾引用過達文西（Leonardo da Vinci）的名言：「簡單就是複雜的極致表現／簡約是細膩的極致。」（Simplicity is the ultimate sophistication.）由此可知，要讓一件事情變得簡單，就要下很大的苦功真正了解隱藏其下的挑戰，創造出優雅的解決方案。

　　我個人採用的投資組合是以 2 檔 ETF 組成，股票部分是用 Vanguard 全世界股票 ETF（VT）來投資全球股市，債券部分則用 Vanguard 總體債券市場 ETF（BND）來投資美國整體債券（見圖表 6-2）；一股一債、一攻一守都是先鋒集團旗下的美股 ETF。

圖表 6-2　我的投資組合

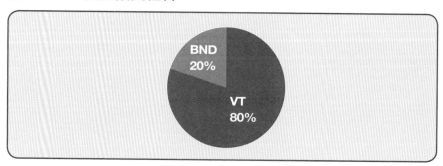

　　這背後的邏輯，是希望建立一個用很少時間管理、平衡，卻又可以分散投資的組合，如同賈伯斯致力於征服複雜來創造出簡約。

　　我在決定投資組合時，考量自己的工作性質較穩定，年紀也輕，風險承受度與承受力較高，故選擇以股債比 80％比 20％進行投資；經過回測（按：即「回溯測試」，是將一個投資方法用在過去的數據上，看看是否能賺錢），該組合在 2009 年 1 月到 2019 年 10 月的年化報酬率為 8.84％，最大跌幅（Max Drawdown）發生在 2011 年 9 月 30 日，當時的跌幅為 -16.82％（見圖表 6-3）。

　　2018 年是最近期股市低迷的一年，如果當時沒有堅持長期持有的念頭，你就會錯過 2019 年上半年的突然上漲。

圖表 6-3　2009 年 1 月～ 2019 年 5 月的資產配置跌幅

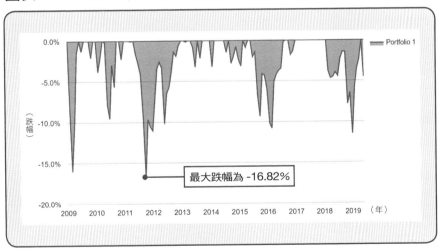

資料來源：Portfolio Visualizer（能測試資產配置的網站）。

● PG 入門筆記

常有人問我：設計投資組合的工具有哪些？

我個人非常推薦使用的網站是 Portfolio Visualizer（https://www.portfoliovisualizer.com/）。

這個網站除了可以看到歷史報酬之外，還可以查詢投資到哪些標的市場，該標的起始與結束的金額、最大跌幅、最好和最壞的年度、標準差、與美股的相關性等等，資料非常詳細且完整。

不過，利用回測網站算出來的報酬並不是未來報酬的保證。看到這裡，你可能會很失望，既然不能保證未來報酬，那幹麼回測？

回測是讓我們知道手中的組合，如果遇到歷史上的類似情況，大概會發生哪些事情？會下跌到怎麼樣的幅度？會持續多久？如果未來上漲，我們的錢會變成多少？

這就好比以前在學校看明後天的營養午餐菜單一樣，既期待又怕受傷害；儘管便當廠商會按計畫煮菜，但萬一臨時有狀況無法按照預期出菜，就只能和計畫不一樣了。

以下我會簡單介紹如何使用 Portfolio Visualizer 網站。

1 進入網站，點選「Backtest Portfolio → Backtest Portfolio」
回測投資組合。

2 輸入投資組合的 ETF 代號、投資的比例，再點選「Analyze
Portfolios」進行分析。

（接下頁）

3 確認投資組合概況（資產總報酬、成長狀況、年度報酬）。

全球區域股市配置組合

極簡投資組合的股票，也能用多種 ETF 來組成。圖表 6-4 是全球區域市場配置組合的整理總表，以下將分別說明利用 1 ～ 4 支 ETF 做組合的情況，而拿來組合的 ETF 包含了：Vanguard 全世界股票 ETF（VT）、Vanguard 整體股市 ETF（VTI）、Vanguard 總體國際股票 ETF（VXUS）、Vanguard FTSE 成熟市場 ETF（VEA）、Vanguard FTSE 新興市場 ETF（VWO，總管理費用 0.12％）、Vanguard FTSE 歐洲 ETF（VGK，總管理費用 0.09％）、Vanguard FTSE 太平洋 ETF（VPL，總管理費用 0.09％）。

圖表 6-4　全球區域市場配置組合的整理總表

	1支ETF	2支ETF		3支ETF			4支ETF			
代號	VT	VTI	VXUS	VTI	VEA	VWO	VTI	VGK	VPL	VWO
持股數量	8,167	3,680	6,383	3,680	3,990	4,644	3,680	1,351	2,331	4,644
總持股	8,167	10,063		12,314			12,006			
組合費用	0.09%	0.06%		0.07%			0.08%			
細分樹狀圖	VT	VTI / VXUS		VTI / VEA / VWO			VTI / VGK / VPL / VWO			

註：組合費用意指該投資組合中，費用所占的比例。算法是「各支 ETF 總管理費用相加 ÷ETF 數量」。

● **1 支 ETF 投資全球：100% VT**

若只投資 VT，持股數量為 8,167 支，總管理費用為 0.09%。

● **2 支 ETF 投資全球：50% VTI ＋ 50% VXUS**

當本來只投資 VT 時，持股數量為八千多支，但要是用 VTI 搭配 VXUS 來取代 VT，總持股就會上升到一萬多支，若以各半比例配置的話，股票組合的費用會降到 0.06%。

● **3 支 ETF 投資全球：34% VTI ＋ 33% VEA ＋ 33% VWO**

VTI 搭配 VEA、VWO 來取代 VT，會上升到 1 萬 2,314 支，若各配置三分之一，股票組合的費用會降到 0.07%（註：考慮到原 VEU 已含新興市場，故以僅包括歐亞成熟市場的 VEA 取代之）。

● **4 支 ETF 投資全球：25% VTI ＋ 25% VGK ＋ 25% VPL ＋ 25% VWO**

如果想降低偏重特定市場的程度，可再分為 VGK、VPL、VWO 這 3 支 ETF，來組成美國以外國際股市的投資組合，如此一來全球投資組合就由 4 支 ETF 來組成：VTI 搭配 VGK、VPL、VWO，若各配置了四分之一，股票組合的費用會降到 0.08%。

比較三者的報酬，由於近幾年來美股市場表現較佳，因此在 2012 ～ 2019 年間，以美股市場投資比重較高的 VTI ＋ VXUS（2 支 ETF 組合）表現最好（見圖表 6-5）。

圖表 6-5　3 種投資組合的年度報酬

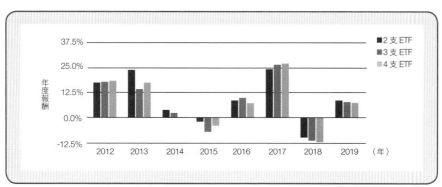

穩健型股債 ETF 組合

如果你不想在債券部位承擔太多風險，最穩健的債券部位我推薦以**中短期公債 ETF** 來組成，可以由代表美國公債的 iShares 3 ～ 7 年期美國公債 ETF （IEI）以及代表國際公債的 SPDR 彭博巴克萊國際政府債券 ETF（BWX），各半組成。透過這 2 個 ETF，就可以不用投資到公司債，只單純投資政府公債。

若投資組合想走全球區域分散路線，你的股債比可以是 60％比 40％，其中股票部分包含 15％ VTI、15％ VGK、15％ VPL 和 15％ VWO（投資全球 4 支組合），債券部分則包含 20％ IEI 以及 20％ BWX。利用 Portfolio Visualizer 網站計算，從 2008 年 1 月到 2019 年 5 月的最大跌幅是 -32.37％，期初投資的 1 萬美元會變成 1 萬 5,945 美元（見下頁圖表 6-6）。

圖表 6-6　2008 年 1 月～ 2019 年 5 月，穩健型組合的總報酬

Ticker	Name	Allocation
VTI	Vanguard Total Stock Market ETF	15.00%
VGK	Vanguard FTSE Europe ETF	15.00%
VPL	Vanguard FTSE Pacific ETF	15.00%
VWO	Vanguard FTSE Emerging Markets ETF	15.00%
IEI	iShares 3-7 Year Treasury Bond ETF	20.00%
BWX	SPDR Blmbg Barclays Intl Trs Bd ETF	20.00%

🖫 Save portfolio »

Portfolio Returns

Portfolio	Initial Balance	Final Balance	CAGR	Stdev	Best Year	Worst Year	Max. Drawdown
Portfolio 1	$10,000	$15,945 ❶	4.02% ❶	11.17%	24.27%	-21.83%	-32.37% ❶

資料來源：Portfolio Visualizer。

分散型債券 ETF 組合

　　如果你不在意債券部位混入公司債增加風險與報酬的話，可以考慮 Vanguard 總體債券市場 ETF（BND）；Vanguard 的固定收益 ETF，常常是公債與公司債的混合，雖然風險稍高，但這麼做可以讓你不用煩惱到底要不要投資高評等公司債，且報酬也稍高，股市下跌時綜合債券中的公債亦有保護效果。

　　近幾年全球股市下跌時，美國整體債券同樣能帶來保護效果。

哈利‧布朗的永久投資組合

　　永久投資組合的發明人叫做哈利‧布朗（Harry Browne），是非常有名的投資者，他在 1970 年代就開始思考一個問題：有沒有一種投資策略，**在任何經濟環境下都能保護投資者**，讓大家獲得安全、穩定、長期的回報，**同時又非常簡單**，哪怕最不懂投資的人也能使用呢？

　　經過十幾年的研究，在 1987 年出版的《為什麼最周密的投資計畫通常會失敗》（*Why the Best-Laid Investment Plans Usually Go Wrong & How You Can Find Safety and Profit in an Uncertain World*）中，布朗提出了一個叫做「永久組合」（The Permanent Portfolio）的資產配置方法，解答了這個問題。

　　這個組合一推出，就受到投資者的喜歡和業界的肯定，而且經過時間洗禮，永久組合現在仍被認為是經典的資產配置方法之一。

　　永久組合把要投資的資金分成四等份：25％的股票、25％的國債、25％的現金（短期貨幣市場基金）和25％的黃金，ETF 代表的類別是 Vanguard 整體股市 ETF（VTI）、iShares 3 ～ 7 年期美國公債 ETF（IEI）、iShares 1 ～ 3 年期美國公債 ETF（SHY）、iShares 黃金信託 ETF（iShares Gold Trust，代號 IAU），它的整體思想就是不追求高回報，**但追求長期的穩定以及過程的順利**。

　　25％的股票負責整體回報，25％的國債會帶來穩定收益，而現金和黃金的部分，會在極端的市場環境下提供保護。

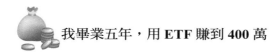

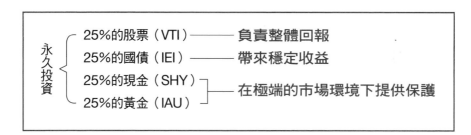

用 Portfolio Visualizer 網站計算可得知，在 2009 年 1 月～ 2019 年 5 月間，永久組合能讓最初的 1 萬美元，成長為 1 萬 8,837 美元，最大跌幅為 -5.17%（見圖表 6-7）。

圖表 6-7　2009 年 1 月～ 2019 年 5 月，永久組合的總報酬

Portfolio 1

Ticker	Name	Allocation
VTI	Vanguard Total Stock Market ETF	25.00%
IEI	iShares 3-7 Year Treasury Bond ETF	25.00%
IAU	iShares Gold Trust	25.00%
SHY	iShares 1-3 Year Treasury Bond ETF	25.00%

🖫 Save portfolio »

Portfolio Returns

Portfolio	Initial Balance	Final Balance	CAGR	Stdev	Best Year	Worst Year	Max. Drawdown
Portfolio 1	$10,000	$18,837 ❶	6.02% ❶	5.80%	13.87%	-2.04%	-5.17% ❶

資料來源：Portfolio Visualizer。

　　雖然日常情況下，永久組合跑不贏偏重股票的組合，但如果遇上經濟危機和金融海嘯，在別人的投資都跌掉 30％、40％的時候，使用永久組合的你，損失會小很多。這樣我們就很容易保持良好的心態，也更容易堅持長期投資──這也是「永久」這個名字的意義所在。

　　另外，用 25％的美國標普 500 指數基金、25％的美國 10 年國債指數基金、25％的黃金指數基金和 25％的短期貨幣市場基金，來實現永久組合的配置，並計算 1973 ～ 2017 年這 45 年的歷史報酬，得出的結果如下：

● 年化報酬：8.15％
● 最大跌幅：-12.42％

而相同週期內股債比 60％比 40％組合的指標是：

● 年化報酬：9.76％
● 最大跌幅：-29.69％

　　投資組合的選擇有許多範例，一旦出發點不同，就有不同的結果。有人著重分散投資，那麼他會選擇持有最多標的的投資組合；有人著重防禦性，自然會偏重保守穩定的資產。

　　你說哪種最好？我會告訴你──我不知道；但我知道只要長期持有用 ETF 配出來的股債投資組合，投資表現大都很好，而且會讓你很安心！

第七章

PG 財經筆記常見問答集
——寫給在投資路上迷惘的你

這一章我替大家整理了一些常見的投資迷思，讓大家從不同角度來思考，到底這些惱人的問題，對於投資理財的影響有多大。

Q：主動式管理的基金表現比較好？

A：大多數基金的表現都不如對比的基準指數（大盤）。而且隨著投資時間越久，不如對比指數的情形可能會越來越嚴重。

在 2018 年，標普指數官方進行了一年一度的統計（見圖表 7-1）：在過去的 1 年、3 年、5 年、10 年、15 年中，美國股市裡到底有多少主動型基金經理，能夠戰勝市場？

結論就是：從 10～15 年的長期來看，平均有 92% 左右的專業人士無法贏過指數（見圖表 7-1 紅框處）；如果把統計年限改為 3～5 年，基本上有 85% 的基金經理無法打敗市場。

要在浩如煙海的幾千支基金裡，成功挑出那個能幫你賺大錢的主動型基金，機率可說微乎其微。

另外，我想告訴你幾項事實：

- 2005 年以來，台股主動式管理的基金，只有贏過被動式管理基金 6 次。
- **主動式管理基金的勝率只有 44%。**
- **每年第一名的基金幾乎都不一樣，因此依據績效選擇基金並不妥當。**
- 主動操作常常適得其反，獲得落後指數的報酬。

圖表 7-1　美國股市主動型基金經理落後基準指數的比例

基金分類	對比指數	1 年	3 年	5 年	10 年	15 年
美股基金	標普 1500 綜合指數	63.43	83.40	86.72	86.65	83.74
美國大型股基金	標普 500 指數	63.08	80.56	84.23	89.51	92.33
美國中型股基金	標普中型股 400 指數	44.41	86.34	85.06	96.48	94.81
美國小型股基金	標普小型股 600 指數	47.70	88.83	91.17	95.71	95.73

註：標普中型股 400 指數（S&P MidCap 400）代表中型公司，標普小型股 600 指數
　　（S&P SmallCap 600）代表小型公司，兩指數加上標普 500 指數的成分股，即為標
　　普 1500 綜合指數（S&P Composite 1500）。

資料來源：標普指數。

所以說，主動式管理基金真的比較好嗎？我想你心裡應該已經有答案了吧。

Q：基金高收費的尊榮服務是獲利保證？

A： 基金的高收費並不是獲利保證！

「收費高的基金應該比較專業」、「請基金專業經理人幫我選股，應該會比我自己選還要好吧？」這些都是常見投資基金的迷思。事實上，基金專業經理人所操盤的基金因為成本拖累，不一定可以拿到優於大盤的報酬。

主動式管理的基金因為**收費過高**，且投資績效與被動追蹤大盤的 ETF 相距不遠，所以投資人實際到手的**報酬並沒有比較好**。

由此可見，高費用與獲利本身並沒有關係，但低成本、追蹤大盤指數的基金（ETF），卻是獲得市場報酬的保證。

透過 2005 ～ 2018 年底（共計 14 年）的基金資料（見圖表 7-2），我們可以發現：台股整體基金（主動式管理）的平均報酬與代表被動式管理的 ETF（台灣 50，0050）相差不大；在 2008 年、2011 年以及 2018 年的時候，台股整體基金下跌時的幅度甚至比台灣 50 還多。

除此之外，你該知道的是，**加權股價報酬指數**（按：簡稱「加權指數」、「TAIEX」，其所有權屬於臺灣證券交易所，是衡量臺灣上市市場股票整體績效表現的指標）表現相當優異，勝過絕大多數的基金（見第 236 頁圖表 7-3）。

圖表 7-2　2005 ～ 2018 年，主動式基金與 0050 的報酬比較

年度	國內股票型基金平均	元大台灣卓越 50
2005	39.57% 勝	10.53%
2006	18.27%	20.61% 勝
2007	11.16% 勝	11.14%
2008	-46.62%	-43.21% 勝
2009	77.19% 勝	73.86%
2010	3.13%	12.94% 勝
2011	-22.35%	-15.77% 勝
2012	12.12%	12.41% 勝
2013	21.00% 勝	11.59%
2014	7.99%	16.94% 勝
2015	-1.61% 勝	-6.06%
2016	6.93%	18.67% 勝
2017	25.91% 勝	18.39%
2018	-10.51%	-4.87% 勝
年化報酬	7.93% 勝	7.92%

圖表 7-3　2005 ～ 2017 年，加權股價報酬指數表現
　　　　勝過多數基金

年度	國內股票型基金平均	元大台灣卓越 50	加權股價報酬指數
2005	39.57% 勝	10.53%	10.94%
2006	18.27%	20.61%	24.44% 勝
2007	11.16%	11.14%	12.50% 勝
2008	-46.62%	-43.21%	-43.07% 勝
2009	77.19%	73.86%	83.34% 勝
2010	3.13%	12.94%	13.57% 勝
2011	-22.35%	-15.77% 勝	-17.98%
2012	12.12%	12.41%	12.94% 勝
2013	21.00% 勝	11.59%	15.14%
2014	7.99%	16.94% 勝	11.39%
2015	-1.61% 勝	-6.06%	-6.87%
2016	6.93%	18.67% 勝	15.59%
2017	25.91% 勝	18.39%	19.52%
年化報酬	7.93%	7.92%	8.28% 勝

　　2005 ～ 2017 年，台股基金整體出現落後大盤指數的情形，基金整體年化報酬並未超越大盤績效，雖然說基金年化報酬略微超越台灣 50，但整體年化報酬仍落後大盤 0.35％，大多數的報酬都被費用吃掉。

　　13 年當中，基金有 4 個年度超越大盤，分別為：2005 年、2013 年、2015 年，以及 2017 年；另有 6 年超越台灣 50，分別為：2005 年、2007 年、2009 年、2013 年、2015 年、2017 年，由此可見收費高、主動管理，並不一定有好表現。

Q：選擇過去表現好的基金就會賺錢？

　　A：每年報酬率最高的基金都不相同，過去表現不等於未來。

　　如果依據歷史報酬挑選未來表現最佳的基金，你認為今年好的明年同樣會好嗎？從 2005 年至 2018 年，**每年報酬率最高的基金都不相同**（見下頁圖表 7-4）。

　　不論勝過大盤與否，基金經理人每年仍可以收取比被動式基金更高的費用——投資人付出 1.5％以上的費用，得到的卻是一個跟費用 0.4％左右的 ETF 相差不多的結果。

　　既然這樣的話，那麼你其實可以用簡單卻有效的方法，直接選擇被動型基金，投資追蹤大盤的 ETF。

圖表 7-4　2005 ～ 2018 年，報酬率前三名的基金

年度	第一名	第二名	第三名
2005	中興中小型	保德信中小型	元大經貿
2006	德信大發	群益創新科技	傳山高科技
2007	安泰 ING 台灣高股息	統一大滿貫	大華中小
2008	台灣工銀中國通	復華全方位	台灣工銀新台灣
2009	日盛小而美	統一中小	群益店頭市場
2010	凱基台灣精五門	匯豐成功	寶來新台灣
2011	統一大滿貫	匯豐成功	匯豐龍鳳
2012	華頓中小型	德盛台灣大壩	德信台灣主流中小基金
2013	復華全方位	安多利高科技	復華高成長
2014	富邦台灣科技 ETF	中國信託台灣優勢	元大寶來台灣 ETF 傘型之電子科技基金
2015	台新中國通	富蘭克林華美台股傘型之傳產	宏利台灣動力
2016	元大台灣 50 單日正向 2 倍	安聯台灣科技	富邦台灣科技 ETF
2017	復華數位經濟	復華中小精選	華南永昌
2018	國泰臺灣低波動精選 30	元大台灣 ETF 傘型之金融基金	野村台灣高股息

Q：選到好公司就能賺錢？

A ：好公司，並不等於好股票。

好公司有兩種概念，一種是能讓你賺錢的公司，這公司體質好壞倒不一定；另一種是體質好、持續成長的公司，但也許這種公司的股價已經漲了一段，或是還沒被發覺。

以美國股市最常用的標普 500 指數為例，這個指數涵蓋了美國最大、最好、最有代表性的 500 家公司。那這些公司的品質如何？其實有好也有壞。

如果清一色是好公司，那麼你應該巴不得全買下來才對吧？但事實上你並不會這樣做，還是會想說也許有些公司是混水摸魚、或運氣好被炒上去，才進到這 500 家裡頭，必須想辦法剔除。

有學者統計了 1957 ～ 1998 年標普 500 指數的變化後發現：

1. 1957 年列於標普 500 指數的 500 家公司，在 42 年之後，只有 74 家還存在其中。
2. 其他 426 家公司，大部分倒閉或市值大幅衰退，掉出了前 500 名，另外一小部分被兼併收購。即使是當年位列全美前 500 名的公司，**後來能存活下來的也只有 15%。**

不過，存活下來是一回事，投資報酬好不好又是另一回事——這 74 家公司裡面，只有 12 家的投資報酬超越指數報酬。

在臺灣，情況大同小異。我從網站「公開資訊觀測站」中找出 2006 年到 2019 年間，台灣 50 指數的變化，結果 2006 年列在台灣 50 指數中的 50 家公司，到了 2019 年，只有 31 家還存在於指數當中（見下頁圖表 7-5，打「×」者表示 2019 年不在前 50 名，標示「新」者為新上榜）。

圖表 7-5　短短 14 年間，指數裡的公司變化不少

2006 年的台灣 50 指數成分股					
股票代號	股票名稱	持股比率	股票代號	股票名稱	持股比率
2330	台積電	17.99%	9904	寶成	1.19%
2303	聯電	6.07%	2323	中環（×）	1.19%
2317	鴻海	4.96%	2344	華邦電（×）	1.07%
1301	台塑	4.20%	2890	永豐金	1.06%
2881	富邦金	3.69%	3045	台灣大	1.04%
1303	南亞	3.55%	3009	奇美電子（×）	0.90%
2882	國泰金	3.28%	2308	台達電	0.89%
2454	聯發科	3.21%	2388	威盛（×）	0.88%
2891	中信金	2.85%	2349	錸德（×）	0.87%
1326	台化	2.84%	2379	瑞昱（×）	0.84%
2886	兆豐金	2.69%	2408	南亞科	0.83%
2357	華碩	2.63%	2356	英業達（×）	0.80%
2883	開發金	2.60%	2801	彰銀	0.74%
2324	仁寶（×）	2.53%	1216	統一	0.72%
2409	友達（×）	2.49%	2325	矽品（×）	0.70%
2002	中鋼	2.19%	1402	遠東新	0.69%
2382	廣達	2.03%	2201	裕隆（×）	0.63%
2353	宏碁（×）	1.73%	2401	凌陽（×）	0.62%
2412	中華電	1.66%	2475	華映（×）	0.61%
2301	光寶科	1.47%	2204	中華（×）	0.54%
2892	第一金	1.46%	2377	微星（×）	0.53%
2880	華南金	1.45%	2105	正新	0.37%
2887	台新金	1.32%	2603	長榮（×）	0.31%
2352	佳世達（×）	1.30%	2912	統一超	0.29%
2311	日月光	1.28%	2610	華航（×）	0.21%

資料來源：公開資訊觀測站。

\multicolumn{6}{c}{2019 年的台灣 50 指數成分股}
股票代號	股票名稱	持股比率	股票代號	股票名稱	持股比率
2330	台積電	36.37%	2912	統一超	0.91%
2317	鴻海	4.86%	5871	中租 -KY（新）	0.85%
2454	聯發科	3.03%	2207	和泰車（新）	0.84%
1301	台塑	2.56%	2382	廣達	0.84%
3008	大立光（新）	2.54%	2303	聯電	0.82%
2412	中華電	2.35%	2357	華碩	0.81%
1303	南亞	2.19%	2887	台新金	0.78%
2891	中信金	2.08%	2801	彰銀	0.75%
1216	統一	2.00%	6505	台塑化（新）	0.75%
2881	富邦金	1.82%	2883	開發金	0.71%
2882	國泰金	1.80%	2890	永豐金	0.71%
2886	兆豐金	1.74%	4904	遠傳（新）	0.64%
1326	台化	1.65%	1402	遠東新	0.63%
2884	玉山金（新）	1.61%	2888	新光金（新）	0.60%
2308	台達電	1.59%	4938	和碩（新）	0.60%
2002	中鋼	1.58%	9904	寶成	0.59%
3711	日月光	1.33%	2301	光寶科	0.58%
2892	第一金	1.19%	2395	研華（新）	0.57%
2885	元大金（新）	1.15%	1102	亞泥（新）	0.56%
1101	台泥（新）	1.07%	2327	國巨（新）	0.54%
2880	華南金	1.06%	2105	正新	0.47%
5880	合庫金（新）	1.06%	9910	豐泰（新）	0.46%
3045	台灣大	0.99%	2633	台灣高鐵（新）	0.41%
2474	可成（新）	0.97%	2823	中壽（新）	0.40%
5876	上海商銀（新）	0.94%	2408	南亞科	0.36%

短短 14 年間，原本台灣 50 指數中，有 19 家公司已經不在指數裡頭，也就是有 38％的公司從指數中被替換掉。

我們再拿公認的偉大公司亞馬遜來舉例。亞馬遜是 1997 年上市的，上市價格是 2 美元左右（按照拆股之後計算）；而到了 2018 年，它的最高股價超過 2,000 美元以上，漲幅 1,000 倍，非常驚人。

你可能會想，當初買這支股票一定都發財了，但如果你看過亞馬遜的股價走勢圖，可能就不會這麼想了。

圖表 7-6 裡你可以看到：在 2000 年網際網路泡沫破裂之後，亞馬遜的股價大跌，像這種超過 99％的跌幅，你覺得有多少人有能力扛過去？

或者，有人可能在 2003 年左右花 55 美元買了亞馬遜，那麼 5 年之後的 2008 年，股災發生之前，亞馬遜的價位是多少呢？大概 60 美元。經過 5 年之後，你的投資不過漲了 10％，這個回報是非常平庸的，而且一般人有沒有耐心等待 5 年也很難說。

實際上，直到 2015 年左右，整個市場才開始慢慢了解亞馬遜，發現這是一家無比強大的公司，於是亞馬遜的股價在 3 年裡，從 300 美元左右直衝到 2,000 美元，但這時候距離它上市已經有 18 年了。

從這個例子可以了解，即使我們真的挑中了一個時代的偉大公司，但靠著買其股票賺錢的路程，也非常凶險和漫長，甚至許多人會在中途放棄，就好像我抱不住上海商銀的股票一樣。

總結來說，好公司不一定是好股票，未必能讓你賺到錢。你得

先找出有上漲潛力的公司，然後抱住直到上漲結束，這過程並沒有想像中的那麼簡單。

圖表 7-6　亞馬遜在 2000 年網際網路泡沫時期的股價走勢

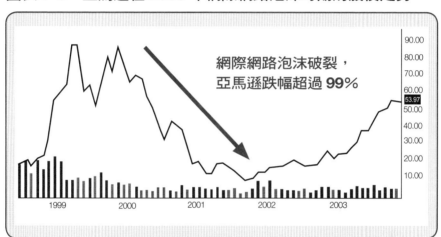

網際網路泡沫破裂，
亞馬遜跌幅超過 99%

Q：買指數型基金，不就是連市場上的壞公司一起買了嗎？

A：事實上，買入指數型基金，反而是確保自己買到帶來絕大多數報酬的飆股。

一個股票市場指數的上漲，往往是少量明星公司帶動的。

實際上，美國的情況也是一樣。著名的金融學者威廉・伯恩斯

坦就統計過：美國股市從 1926 年以來所有的投資回報，都來自於表現最好的 1,000 支股票，而這些股票的數量僅占所有上市公司數量的 4％。

4％的公司提供了 100％的回報，這意味著，我們如果進行指數化投資，其實不單純是買入所有公司，更能確保自己一定能夠押中飆股。

你可能認為自己有辦法買中那 4％，並能忍受持股長期不上漲，認為自己能度過這些公司好幾年、甚至十幾年不上漲的艱難旅程；但我想，對絕大部分人來說，**遠離個股、買入大盤分散投資**，其實才是更理性的選擇。（資料來源：《張瀟雨・個人投資課》。）

Q：長期投資真的能賺錢嗎？

A：長期投資肯定賺錢，因為拉長股票持有期限，絕對能降低虧損的風險。從圖表 7-7 我們可以看到，在 1950 ～ 2013 年間，一旦持有指數超過 15 年，股票報酬範圍一定會落在正值。

既然持有時間越長，勝率越高，那麼長期持有就對了！

Q：投資就要擇時進出？

A：擇時進出是一件不容易的事情，企圖在上漲前買進，並在下跌前賣出（增加報酬、減少虧損），往往適得其反。

股票市場的走勢呈現隨機型態，未來的變化難以預測，先鋒投

圖表 7-7　1950 ～ 2013 年，各種時期的股票報酬範圍

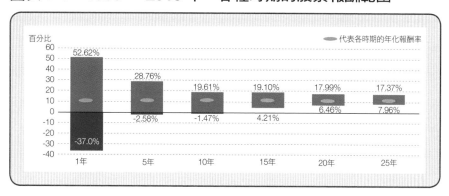

資集團創辦人約翰·柏格曾說：

在這行 30 年來，我從未看過任何人實施隨勢操作並成功的，認識的人當中也沒人知道有這種例子。

試圖擇時操作不但不會增加投資價值，反而可能適得其反。

「頻繁買賣 ETF」容易受到的傷害，就是錯過市場突如其來的正報酬。密西根大學納蓋特·西布恩（H. Negat Seybun）教授發現，以 30 年為一期，95%的重大市場獲利大都來自期間內 7,500 個交易日裡的 90 天；一年以 365 天計（不考慮閏年），30 年共計 1 萬 950 天，扣除休市，大概是七千兩百多天的可交易日（資料來源：伯頓·墨基爾《漫步華爾街》）。

研究結果以白話來講，便是持有股票的這 30 年間，除了猛烈

上漲的 90 天以外，手中的股票就像牛皮股（按：香港股市的一個常用詞語，指股票價格上升或下降幅度不大，有如牛的皮膚一樣堅韌，無論怎樣拉，都不會有多大的變化）。

持有 7,500 天股票，只為了 90 天的猛烈上漲，從機率來看，$90 \div 7,500 = 0.012$，換算成百分比是 1.2％；也就是說，如果透過指標分析來找尋這猛烈上漲的 90 天，機率是 1.2％。

然而我們花費了無數的時間與精力選股、看進出場時機，甚至經歷無數次失敗、繳過無數的「學費」、承受過難受的虧損，還不一定能挑中這 90 天。依據技術指標尋找「好的時機」擇時進出，只是參與一場勝率是 1.2％的競賽，其實大多數人並不值得花這麼多心思參與這場競賽。

Q：一定要盡力避開下跌？

A：其實這個問題和上一個有點類似。在市場上漲時持有股票，並在下跌前先賣出避免受到損失，這種波段操作是擇時進出的典型樣態，當我們試圖賣在相對高點、買在低點時，就容易產生「覺得股價很高，想暫時賣出股票等回檔」的心態。

仔細思考一下，當投資人預期股票未來會上漲時，他想買的股票是誰賣給他的？既然這檔股票未來很可能上漲，那麼**買方或賣方必定有一方預測錯誤**，投資人得非常有信心，確保他「每次」買進或賣出都能比對方更正確。如果是散戶的話，有這麼強的信心嗎？

除此之外，每一次買賣都有投資成本，每一次獲利實現都必須

繳稅，這一來一往會讓成本逐漸升高。如果我們真的賣出股票，賣出後滿手現金的我們會面臨幾個問題：一、收益不足（該賺的沒賺到）；二、進場時機。

　　賣出持股後我們會有幾種情況：繼續上漲、平盤、下跌。在繼續上漲的情況中，將股票賣出並得到現金後，要是這段時間內股票持續上漲，投資人會面臨「**收益風險**」，沒有賺到該賺到的報酬，這樣就是收益不足。許多案例中，最令人扼腕的是**賣在大漲前**。

　　此外，即使股市沒有上漲，在平盤的過程中持有 ETF 仍然可以收到股息，股息也是組成股票報酬中很重要的一部分。將股息再投資，資產仍可以成長；以 0050 殖利率約 3.23％來講，即使一年當中 0050 都沒上漲，但只要把分配的股息再拿去買 0050，即使扣除成本，資產仍可以成長 3.23％。

　　第二個是進場時機的問題。

　　賣出後何時該買進？該買什麼？如果遇到股票下跌，停損出場就好？其實事情沒有那麼簡單。基於「均值回歸」的原理，股價無論高低，之後都會傾向回歸平均值，但許多投資人會樂觀的認為好的市場還會更好、差的市場還會更差，繼而追高殺低。

　　Vanguard 的研究（見下頁圖表 7-8）明顯發現追高殺低的行為，會出現在散戶或是專業經理人身上，呈現報酬率（①線）與資金流量（②線）的高度相關性：當報酬率高漲時，資金瘋狂湧入證券市場；當報酬率低落時，資金則迅速撤出。投射到投資人身上，便是在牛市（向上的市場趨勢）中增加持股比例，讓更多的資產參與市場；熊市（向下的市場趨勢）則盡量減少持股比例，想避免損失。

圖表 7-8　報酬率與資金流向的走勢相仿

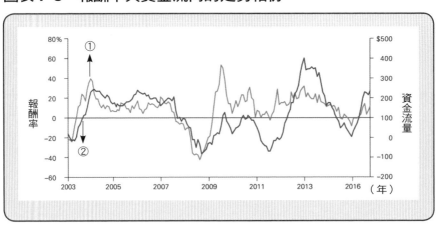

資料來源：Vanguard 研究。

　　圖表 7-9 呈現的，是擇時進出對於報酬的傷害程度：從 1980 年 4 月 30 日到 2016 年間，長期持有的報酬率為 11.4％，如果錯過表現最好的 10 天，報酬率會只剩 9.2％；錯過最好的 20 天，報酬率只剩 7.7％；錯過最好的 30 天，報酬率只剩 6.4％。

　　擇時進出很大部分是**讓自己錯過這些報酬，而不是讓自己避開下跌的風險**，如果我們錯過這絕少卻絕美的交易日，我們便錯過了幾乎所有的甜美報酬。

　　很多時候投資人只是自己嚇自己，害怕承擔風險而賣出持股，錯過了那些最好的日子，這也是為什麼不推薦投資人採取「擇時進出」投資策略的原因。（資料來源：耶魯操盤手查爾斯・艾利斯〔Charles D. Ellis〕。）

圖表 7-9　擇時進出對於報酬的傷害程度

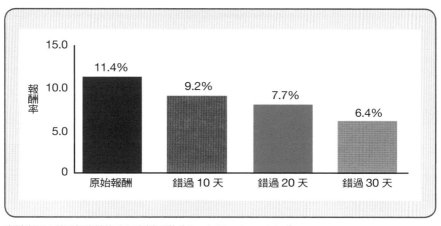

資料來源：美國投資諮詢公司康橋匯世（Cambridge Associates）。

　　我們有沒有想過賣出的 0050、其他股票，何時該買進，又何時該賣出呢？多數人都是因為害怕資產受到損失、害怕下跌，而不敢持有股票。

　　這其中包含了損失趨避的心理，這是一種「損失帶來之痛苦，遠大於獲利帶來之愉悅」的心理狀況。經過心理學家的比較，虧損與獲利都會對心理產生衝擊，不過**虧損的衝擊程度大約是獲利的 2倍**；我們估計損失東西的價值，則是得到相同東西的 2.5 倍，甚至為了趨避損失，我們常常做出不理性的行為，導致最後蒙受更大的損失而不自知。

　　除此之外，心理學家指出，「控制權」這個錯覺讓我們看到實際上並不存在的趨勢，或是相信自己可以看出股市走勢，進而預測

未來的股價。我們往往會被某種錯覺愚弄，誤以為自己對某些情況有一點掌控能力，但事實上並無法掌握。

如果我們是為了好幾十年後的退休生活而投資，那麼根本沒必要因為短期下跌就倉皇賣出。**就算買得高了，那又如何呢？**買得高，才知道接下來能買得便宜；如果我們連在高點（不知道到底高不高）都不敢買，那麼在下跌時更不敢買，因為下跌時心理會受到影響。

別忘了，報酬與風險是互相伴隨的雙面刃，試圖躲過下跌的市場、賣在大跌前，然後掌握上漲時機，其實只是無法接受「風險」這殘酷的事罷了。

我們該知道的正確觀念是：

- 待在市場上，直到需要時再賣出。
- 持續投入，只賣出所需要的額度。
- 拉長期限，短期幾年用的錢別輕易投資股票。

Q：報酬率要越高越好？指數化投資比較適用本金多的投資人？

A：「我本金小，所以要先追求高報酬翻倍。」、「先拿到超額報酬，用幾年累積資產，等本金大了再換成穩健的投資方式。」你可能聽過有人這樣說，認為報酬率要越高越好；但其實一年 20％、30％甚至是 100％、200％的報酬率未必比較好，仔細算算，高低起伏太大的報酬率反而與穩定的差異不大。

例如圖表 7-10，投資人甲、乙、丙的報酬率起伏程度不同，但最終得到的總報酬都是一樣的。

圖表 7-10　報酬起伏程度不同，但經年累計下去，總報酬卻相同

	第1年	第2年	第3年	第4年	第5年	總報酬
甲	160%	170%	60%	140%	70%	160%
乙	125%	120%	85%	117%	107%	160%
丙	110%	110%	110%	110%	110%	160%

事實上，穩定不起眼的報酬未必不好，甚至能贏過大賺大賠的對照組；因為下跌幅度越大，意味著要獲得更多報酬，才能彌補損失（見下頁圖表 7-11）。

許多人覺得只有本金大才適用被動式的投資方式，只有本業收入高的人才適合指數化投資，其實並非如此。

心理學教授米契・凱稜（Mitch Callan）認為，人們經過互相比較後，**如果覺得自己比較貧窮，就會變得短視近利、只顧眼前**，不計後果搶奪眼前的收穫，對未來則漠不關心；反之，如果他們覺得自己比較富裕，就會把眼光放遠，願意做長遠考量。

為了探討真實世界的財務決策，他們進一步發給受試者 20 美

圖表 7-11　下跌幅度越大，彌補下跌所需的報酬率越高

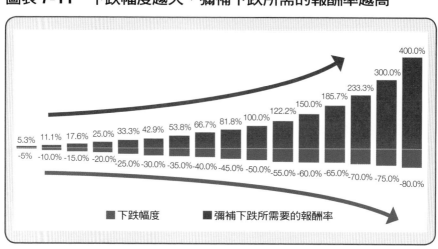

元，讓他們用這筆錢賭博。受試者可以拒絕賭博的邀請，把錢塞進口袋直接回家，也可以和電腦賭一場牌局試手氣，若贏了獎金自然比 20 美元多很多，萬一輸了則一毛錢也拿不到。

那些覺得自己相對富有的人當中，有 60％選擇賭一把；而覺得自己貧窮的受試者當中，願意賭博的比率高達 88％。由此可知，自覺貧窮的感覺使人們更願意孤注一擲，所以**覺得自己本金少的那些人，會更傾向去「搏一把」**，去拚數個月、數年內翻倍。

指數化投資是否不適合本金小的投資人？這項研究中，受試者的反應也能解釋──要巨大化投資結果，有些人會認為要從投資報酬率極大化來著手，反而忽略了也可以透過提高本金來解決。

前面提過的「均值回歸」，是金融市場的有趣現象：最熱門的

基金通常是近 3 年表現最強、優於大盤許多，但長期下來，**最熱門的基金過幾年後下場通常很不好**，即使是最熱門的基金，幾年後也可能歸於平凡。

　　指數化投資適合任何人，不僅適合高資產族群，也適合小資族。事實上，小資族和資產未達新臺幣 300 萬～ 500 萬的朋友，更要避免力拚快速翻倍，因為小資族的財務狀況更脆弱，不應採取高風險的投資策略；如果缺乏耐心去累積，反而容易陷入重複歸零的惡性循環。（參考資料：奇斯・裴恩〔 Keith Payne 〕《破梯效應》〔 *The Broken Ladder*，大是文化出版 〕、米契・凱稜〈賭博的正當理由〉〔 Gambling as a Search for Justice 〕。）

Q：投資特定產業 ETF 就是分散投資？

　　A：ETF 提供我們多元化的投資市場，可以選擇全球各地、各個國家、各個產業、各種策略模式的投資方法，但是看似多元化，也可能只是在狹窄範圍內的多元化，例如投資單一產業的 ETF。

　　只持有單一產業並不是多元化，雖然特定產業 ETF 總開支比率比較低，但比起最低成本的全市場指數型基金，這類型 ETF 仍可能高出 3 倍以上。

　　舉例來說，iShares 全球通信服務 ETF（iShares Global Comm Services ETF，代號 IXP）的總管理費用為 0.47％，持有股票僅 29 支，相比 Vanguard 整體股市 ETF（VTI）的總管理費用為 0.03％，

持股數量更是相差甚多——後者達 3,680 支！

兩者在費用、風險分散性上，顯然有著巨大的差異。

就分散性而言，Vanguard 全世界股票 ETF（VT）以 0.09％的費用，替我們帶來更廣的分散程度，持股數量高達八千多支，分散於全球四十多個國家，這僅僅是一個 ETF 就能辦到的事情。

Q：複雜的投資方式才專業？

A：如果投資要成功的話，非得跟專家一樣，運用高難度的投資方式嗎？

臉書執行長馬克・祖克柏（Mark Zuckerberg）的生活風格走「極簡主義」路線，他主動減少自己一天之內所需要做出的選擇，**把「很多選擇」轉換成「沒有選擇」**。

有一次祖克柏出席活動時，臺下觀眾問道：「為什麼你每天都穿同樣的 T 恤？」祖克柏一聽，回答：「我真的想要讓我的生活更簡單，所以我除了去想我的工作之外，盡量讓其他**需要決定的事情越少越好**。」

即使是生活中很小的決定，諸如穿什麼衣服、早餐吃什麼這類，都有可能消耗勞力和腦袋。你得體認到，簡單的投資組合看似簡單，做起來卻不簡單。不過**保持簡單，就可以賺到錢**。

我們來看看諾貝爾經濟學獎得主、現代投資組合理論的創始者哈利・馬可維茲（Harry Markowitz）如何投資，又是如何決定股票與債券的比例。他說：「我知道若股票市場上漲，而我卻沒有投

資在裡面的話，我一定會很懊惱；同時，如果股票市場下跌，而我所有的資金都在股票市場的話，我也一樣會很懊惱，所以我自己的投資組合是50%股票、50%債券！」

　　股神巴菲特給出的投資組合也很簡單，同樣用ETF就可以達成。2013年巴菲特在致股東信中表示：

　　我以我宣揚的投資方式管理自己的資金：我有一筆遺產是將一些現金交給受託人管理，而受益人是我太太。這必須是現金，因為我持有的全部波克夏股票，將在我的遺產結算後10年間全數捐給一些慈善組織。

　　我對受託人的指示再簡單不過了：拿10%現金購買短期政府公債，另外90%投資非常低成本的標普500「指數型基金」。

　　我相信遵循這些方針的信託，長期投資績效將優於支付高費用、請經理人管理資產的多數投資人。

　　2014年，巴菲特在致股東信中重申他簡單的投資組合，以及何時該買進：

　　短期來看，企業股價雖有起伏，但長期來看大都是成長的。最好的投資標的，是一個涵蓋市場範圍很廣的標普500指數；最好的買進時點，是用很長一段時間「持續」累積持股。

　　投資「指數型基金」，便不需要選擇特定企業，而是投資「所有企業」的綜合表現。長期來看，這會是一項很好的選擇，而且與

一般共同基金相比，它的成本非常低。

共同基金的投資報酬率時常落後大盤，與其投資高成本的共同基金，低成本的指數型基金會是更好的選擇。

我留給太太的遺產信託基金，就是投資在 10％ 的短期政府債，以及 90％ 的標普 500「低成本指數型基金」。這長期的結果，會比那些高費用的經理人或投資機構好得多。

用追蹤大盤指數的 ETF，就可以達成巴菲特所說的指數型基金的效果，只要你肯相信並勇於驗證長期投資策略（**買進持有、股息再投資**），長期報酬率絕對贏過大多數的投資專家以及散戶。

Q：我現在有一大筆錢，該單筆投入還是定期定額？

A：我們應該找出不管什麼時候都能一次投入注資的資產配置，如此搭配一次投入，能夠讓自己避免「擇時進出」，避開預測市場高低點的陷阱。時間拉長來看，絕對沒有人可以持續成功預測介入市場的時間點，反而要從配置問題切入，才能充分解決這個投入點的問題。

我們可以利用圖表 7-12，比較美國（1926 ～ 2015 年）、英國（1976 ～ 2015 年）、澳洲（1984 ～ 2015 年）三個市場的歷史報酬，並在一年內分 12 次，每月投入資金到股債比 60％ 比 40％ 的投資組合當中，去觀察一次投入與定期投入的差異。

在每個市場，**一次投入有 70％ 左右的機會，報酬會高於定期**

投入（報酬勝率），且細分來看，一次投入的報酬平均領先幅度分別為：

- 美國：2.39％
- 英國：2.03％
- 澳洲：1.45％

圖表 7-12　美、英、澳單次投入與定期定額歷史報酬比較

美國（1926〜2015年）		英國（1976〜2015年）		澳洲（1984〜2015年）	
一次投入對上定期投入的報酬勝率					
一次	定期	一次	定期	一次	定期
68%	32%	70%	30%	68%	32%
一次投入的報酬平均領先幅度					
2.39%		2.03%		1.45%	
其他投資組合下，一次投入對上定期投入的報酬勝率					
100%股票					
67%	33%	70%	30%	65%	35%
50%股票和50%債券					
68%	32%	70%	30%	69%	31%
100%債券					
65%	35%	63%	37%	62%	38%

資料來源：Vanguard網站。

即使更改投資組合、變更股債比，結果也沒有太大差別，就算是報酬率最低的 100%債券投資組合，勝率仍有 62%以上。

這個結果並不令人訝異，因為長期來看，**股票與債券都比現金承擔了更多的風險，藉著及早投入，投資人自然可以享受到這些承擔風險的長期優勢，產生比現金更高的報酬。**

Q：定期定額的優缺點？

A：定期投入讓我們比較不會後悔，但是在持續上漲的市場會錯失部分獲利。雖然數據顯示一次性投入的報酬較佳，但人們終究會擔心：萬一現在大跌怎麼辦？

當我們手上握有大量現金，如果市場急遽下跌，大量現金可以抵禦價值減損；相對的，如果市場持續上漲，我們將會錯失許多獲利的機會。

所以說，與其透過觀測市場情況調整現金的比例，不如找一個適合自己的資產配置，讓自己不管放入多少資金，即使一次注入幾百萬、幾千萬也能夠安心入睡，這遠比無謂擔心市場下跌更有用。

定期投資還需要額外的紀律，畢竟如果一年內分 12 次投資，那麼每次投資面對的情況都不一樣，每次都要進行額外的投資決策；我們誰都不能保證，自己面對當時的市場能保持原有的計畫、維持一貫的理智。

不可否認，定期投資在最差的時期**提供了絕佳保護，但也放棄了其他時候的絕佳機會。**

Q：該買多少比例的股票？該不該賣出持股？

A：投資沒有保證致富的捷徑，在這個世界上只有承擔較高風險（或是犧牲一些流動性）才「可能」得到較高報酬。至於我們能忍受多少的風險、該買多少股票、該不該賣出持股？你可以用**今晚是否能安穩入睡**來判斷。

Q：何時該賣出持股？

A：答案是——**當你找到更好的投資標的時**，以及**當你需要用錢的時候**。

個人投資是一個無限遊戲。而所謂的無限遊戲，意味著除非你這筆錢真的要拿出來消費掉，否則你的投資總是要繼續回到市場，不斷循環滾動、生生不息，像一個沒有終點的遊戲。

比如你賣出了基金，掙了 15％，然後呢？就把錢存到銀行嗎？其實也不會真的這樣做。你會拿著這筆錢，再投資到新標的。

那這個新的投資標的，就一定比之前那個好嗎？如果真的這麼好，當初你為什麼沒有投資呢？這些問題都是需要去認真思考的。所以很多偉大的投資者說過，**一個比較合理正當的賣出理由是——你發現錢有更好的去處，發現了更好的投資標的。**

有時候這種事情的確會發生——比如你一直看好的一檔股票，突然受短期影響跌了好多，進入你的射程範圍，那麼你去更換一下持倉（繼續持有股票）是可以理解的。

當然，這一切的前提是，你真的能判斷這些資產的價值，而不只是看上了那一點蠅頭小利，才選擇賣出。如果你因為帳面盈利選擇賣出，實際上相當於下了一個判斷——這個資產接下來會下跌，而且不會再上漲回來。畢竟它之後如果還會繼續上漲的話，你肯定不想賣掉。

那麼問題就來了：它下跌之後又漲回來了——這時候你要不要買回來呢？

想像一下，你看著你賣出的股票或者基金，價格一路走高，你難不難受呢？

實際上，這種想著「我先賣出，之後跌了再買回來」的人，往往就是那些錯過了騰訊、甚至是比特幣（兩者後續股價皆大漲）的那些人。他們看著自己賣出之後資產價格一路狂奔，心裡總是不平衡，結果再也沒能買回去，錯過了巨大的機會。

如果你賣出之後價格下跌，而且再也沒漲回來。那麼恭喜你，你可能做出了一個正確的決定。

但這裡隱藏著一個問題：你當初的買入決定是不是有些問題呢？下一次你要怎麼防範類似的錯誤？

而且最關鍵的是，當你決定賣出的時候，你實際上在做一個判斷和決策，如果你的認知能力或者情緒管理能力不足，這種決策出錯的機率很大。久而久之老是這樣操作，你很容易在反覆折騰中把錢都虧出去。（資料來源：《張瀟雨・個人投資課》。）

Q：買進就跌怎麼辦？

A：投資不是財富自由直達車，絕對會遇到下跌。當遇到下跌時，不是該問怎麼辦，而是**要回頭看看當初自己開始投資時的計畫**，想想這些下跌，對自己有什麼實質影響。如果有按照閒錢投資原則，或是依照長期時間架構來投資，短期內根本不需要動用這筆錢，也不用實現帳面虧損。

如果這筆錢是短期用途，那麼根本不應該投資會讓你承擔不起下跌風險的標的。如果沒有加碼的打算，也只要無視下跌，維持既定計畫，定期買進並持有就行了。

此外，也要關注自己本身的現金流能否持續讓自己累積資產，如果下跌不會影響到自己的工作以及生活，那有什麼恐怖的？如果會影響到自己的工作才叫恐怖。

飛機起降需要逆風，**長期投資同樣需要像逆風一樣的下跌**。有資產配置的投資組合穩健抗跌，若遇上市場大幅下跌，無異於天賜良機，讓我們可以**低檔買進，安全超車**。

「低檔買進」是指 ETF 下跌，就像超市特價一樣，能買的股數變多，更是累積股數、壓低成本的好時機。此外，如果股利債息不變，價格下跌代表殖利率提升，後續買進的 ETF 殖利率更高，可以帶來更高的現金流。如果企業照常運作賺錢，一時的股價下跌有何恐怖？當你知道可以用更優惠的價格買進臺灣最強的 50 家企業或是全球上市企業，你會表現得很貪婪。

「安全超車」是指在資產配置下，我們的投資組合相對抗跌，

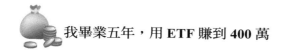

除了心理壓力較低外，不賣出的狀況下同樣可以領配息，這時候領到的股息又可以再拿去買進便宜的 ETF，一舉數得。

相較於獲利的愉悅，帳面資產縮水所帶來的痛苦程度不僅不會一樣，反而還會加倍；但若是能夠違反直覺，照著巴菲特「當別人恐懼，你要貪婪；而當別人貪婪，你要恐懼」的準則進行，成果肯定會很豐碩。

後記
投資自己，就是投資未來

只要在連結知識、技術、健康、人脈、信用的人力資本上投注最多時間與金錢，這些成本就會以人力資本成長、薪資成長的方式回饋自己，是最有效率的投資方式。

——《個人化財務報表，最強理財術》

投資自己，就是投資未來。讓自己的收入、見識、氣魄增長超過 GDP 的增速，超過金融商品的漲幅，這種投資，是永遠不會失敗的投資。

——《香帥的北大金融學課》

專注提升收入，同時投資自己，絕對是必備的投資項目，而且越早開始投資自我，回收期越長，意味著將賺回更多。

既然越早投資回收期越長，我們更要趁著有許多機會自我提升的時期，面對學習機會，好好投資自己。在 20 ～ 30 歲間，比起累積資產淨值（保留盈餘），更應該把心力放在未來的現金流（持續性收入）上面。

當我們的視野提升、格局拉高，就能避免小鼻子小眼睛，避開無謂的爭吵與計較，這些都是生活的負面成本。你想，這些負面因

子既然對於自己幫助不大，那麼為何還要浪費心思去在意呢？

金錢與時間都具有稀缺性，且正因為資源稀少，因此重點更應放在「**如何分配**」上。這裡的「分配」具有很高的主觀性，追求的是打敗大盤的投資策略，而這些策略的機會成本是研究時間，用來研究落後大盤的機率。為了增加報酬率自己付出多少研究時間？付出的時間真的能換得贏過市場報酬？身為業餘散戶，該如何跟大型機構、專業投資人競爭？如果到頭來換得一場空怎麼辦？這些都是投資人值得思考的問題。

只要選擇被動投資大盤的指數型商品、低成本的大盤指數型 ETF，搭配資產配置分散風險，保持最低的投資成本長線持有，這種簡單純粹的投資方法是勝算最高、最容易複製、最穩健的選擇，可以確保未來生活無虞。

都閱讀到這裡了，我想你可能會有疑問：這麼好的話，為什麼那麼少人採取這個方式呢？

亞馬遜創辦人傑夫・貝佐斯（Jeff Bezos）曾在推特上說：

我問巴菲特：你的投資理念簡單易懂，而且你也成功的靠著這個理念成為世上第二有錢的人，如此簡單的致富方法，為什麼大家不按照你的方法就好呢？

巴菲特回答：因為沒有人想要慢慢變得有錢！

在股市中，1 年 10 倍者寥寥無幾，10 年 1 倍者卻比比皆是，可見持續獲利才是難能可貴的道理。

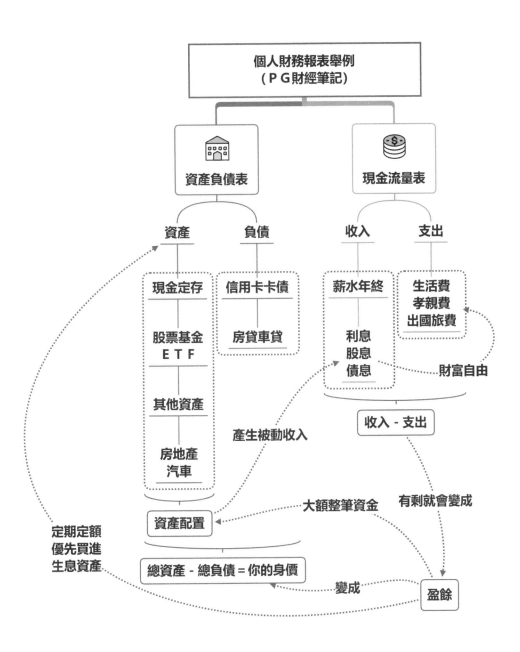

個人財務報表舉例
（PG財經筆記）

資產負債表

現金流量表

資產　　負債　　收入　　支出

現金定存　信用卡卡債　薪水年終　生活費　孝親費　出國旅費

股票基金ETF　房貸車貸

其他資產

房地產汽車

利息股息債息

財富自由

收入 - 支出

產生被動收入

資產配置　大額整筆資金　有剩就會變成

定期定額優先買進生息資產

總資產 - 總負債＝你的身價

變成

盈餘

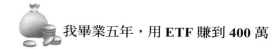

上頁圖是我的個人財務報表，靠著這套系統以及個人的堅持，我每晚都能安穩入睡。還記得我前面說過的，不要在投資的同時犧牲自己的生活品質，對吧？若有需要且自己能夠負擔，那麼刷卡當然沒有問題（有看到我「負債」下面的「信用卡卡債」嗎？），只是要記得，這種「流動負債」的利率通常很高，所以得優先償還。

回過頭來，你會發現還是腳踏實地工作最實在；累積好的資產（好股票、好基金、好 ETF），還有健康的本錢和人脈最實在。

投資 ETF，每個月的配息是真的，資本利得也是真的，只要少許手續費，就能換來清閒時間、心靈的平靜，同時也遵守道德的底線，持續累積資產。

如果你想輕鬆成為投資市場中的一流投資者，就該用 ETF 進行資產配置──省時、省力、省金錢。

國家圖書館出版品預行編目（CIP）資料

我畢業五年，用 ETF 賺到 400 萬：每月 1,000 元就能開始！不用兼
差斜槓，兩檔 ETF 投資組合，年賺 20% 以上／ PG 財經筆記著 .--
初版 .-- 臺北市：大是文化，2020.01
272 面；17×23 公分
ISBN 978-957-9654-60-9（平裝）

1. 基金　2. 投資

563.5　　　　　　　　　　　　　　　　　　108020522

Biz 315

我畢業五年，用 ETF 賺到 400 萬

每月 1,000 元就能開始！不用兼差斜槓，兩檔 ETF 投資組合，年賺 20% 以上

作　　者／PG 財經筆記
責任編輯／張慈婷
校對編輯／劉宗德
美術編輯／林彥君
副總編輯／顏惠君
總 編 輯／吳依瑋
發 行 人／徐仲秋
會　　計／許鳳雪
版權經理／郝麗珍
行銷企劃／徐千晴
業務助理／李秀蕙
業務專員／馬絮盈、留婉茹
業務經理／林裕安
總 經 理／陳絜吾

出 版 者／大是文化有限公司
　　　　　臺北市 100 衡陽路 7 號 8 樓
　　　　　編輯部電話：（02）23757911
　　　　　購書相關諮詢請洽：（02）23757911 分機 122
　　　　　24 小時讀者服務傳真：（02）23756999
　　　　　讀者服務 Email：haom@ms28.hinet.net
郵政劃撥帳號／ 19983366　戶名／大是文化有限公司

法律顧問／永然聯合法律事務所
香港發行／豐達出版發行有限公司
　　　　　Rich Publishing & Distribution Ltd
　　　　　香港柴灣永泰道70號柴灣工業城第2期1805室
　　　　　Unit 180543, Ph.2, Chai Wan Ind City, 70 Wing Tai Rd, Chai Wan, Hong Kong
　　　　　Tel: 2172 6513　Fax: 2172 4355　e-mail: cary@subseasy.com.hk

封面設計／林雯瑛　內頁排版／江慧雯
印　　刷／鴻霖印刷傳媒股份有限公司
出版日期／2020年1月 初版
　　　　　2021年2月25日初版37刷
定　　價／新臺幣 380元 （缺頁或裝訂錯誤的書，請寄回更換）
I S B N　978-957-9654-60-9